Françoise Benhamou
Joëlle Farchy

Droit d'auteur et copyright

La Découverte
9 *bis*, rue Abel-Hovelacque
75013 Paris

Si vous désirez être tenu régulièrement informé des parutions de la collection « Repères », il vous suffit de vous abonner gratuitement à notre lettre d'information mensuelle par courriel, à partir de notre site **http://www.collectionreperes.com**, où vous retrouverez l'ensemble de notre catalogue. Vous pouvez, à défaut, envoyer vos nom et adresse aux Éditions La Découverte (9 *bis*, rue Abel-Hovelacque, 75013 Paris), pour demander à recevoir gratuitement par la poste notre bulletin trimestriel ***À La Découverte***.

ISBN 978-2-7071-5062-2

Introduction

La propriété intellectuelle renvoie aussi bien à l'analyse des marques, des secrets commerciaux, des brevets qu'au droit d'auteur. Longtemps restée domaine réservé des juristes, elle a fait l'objet d'une attention accrue des économistes à partir de la seconde moitié des années 1980, au fur et à mesure que se répandait la certitude que produire des idées était devenu un avantage compétitif décisif, source de valeur ajoutée et d'emplois. Les grandes revues économiques anglo-saxonnes ont publié cinq articles en 1982 contenant l'expression « propriété intellectuelle » et 235 en 2000 [Landes et Posner, 2003]*. La plupart des publications se sont focalisées sur la propriété industrielle, et notamment sur le rôle des brevets dans le développement d'un pays par rapport à ses concurrents. La question du droit d'auteur, quant à elle, n'a pas donné lieu à des travaux économiques aussi nombreux, du moins en Europe ; en revanche, les États-Unis ont développé une tradition d'analyse économique du copyright, notamment dans le cadre d'une discipline identifiée outre-Atlantique sous l'expression *Law and Economics*. Celle-ci vise à évaluer les règles et institutions juridiques sur le plan de leur efficacité économique et à proposer les solutions les plus efficientes. Elle regroupe divers courants : l'école de Chicago largement dominante, qui applique l'analyse microéconomique aux questions juridiques, l'école des coûts de transaction qui évalue l'efficacité des règles juridiques par leur capacité à faciliter les transactions économiques, et enfin un courant plus directement institutionnel

---

* Les références entre crochets renvoient à la bibliographie en fin d'ouvrage.

qui intègre les conditions de la production des règles de droit et des structures qui les sous-tendent. L'analyse du copyright a trouvé, à travers ces divers courants théoriques, matière à nourrir des travaux d'une grande richesse. Sur le plan empirique, le rôle central du droit d'auteur dans le développement de ce que l'on nomme, de façon souvent floue, économie de la connaissance, de l'information, économie de l'immatériel ou encore capitalisme cognitif, entretient la demande pour des recherches économiques sur le sujet. Le caractère passionné et complexe des débats qui se sont déroulés en France fin 2005, à l'occasion de la discussion de la loi sur le droit d'auteur dans la société de l'information, alors même qu'il ne s'agissait que de la transposition d'une directive communautaire de 2001, montre que le sujet est passé du cercle fermé des spécialistes à un véritable enjeu de société.

Le premier chapitre de ce livre traite des fondements du droit d'auteur ; après un bref aperçu des origines, il met en évidence la tension entre la recherche de la diffusion la plus large des œuvres de l'esprit et la volonté de protéger, respecter et rémunérer la création par des dispositifs juridiques qui limitent de fait la diffusion. Dans le chapitre II sont exposées les principales étapes constitutives de ce droit, compromis social variable dans le temps et l'espace, qui, pour des raisons diverses, fait la part belle à toute une série d'exceptions. Le chapitre III explore les éléments de la mise en œuvre du droit d'auteur ; on y constate que la tendance à son élargissement n'implique pas que le lien entre création et rémunération soit aussi fort que ce l'on aurait pu attendre. Tandis que la protection se renforçait au cours des dernières années (durée, étendue, titulaires et objets concernés), à la fois dans les législations nationales et internationales, jamais le droit d'auteur n'a fait l'objet d'autant de remises en question. La contestation numérique analysée dans le chapitre IV en constitue la manifestation la plus visible. Le chapitre V se consacre aux modèles alternatifs qui se proposent de répondre au numérique, depuis les licences non volontaires ou les offres marchandes innovantes, jusqu'au « libre », développé pour le logiciel, et que d'aucuns préconisent dans les secteurs de la culture. Le dernier chapitre précise les enjeux stratégiques auxquels l'extension du droit d'auteur donne aujourd'hui lieu. Ce ne sont plus seulement les rémunérations des auteurs, en tant que personnes physiques, qui sont concernées mais l'équilibre d'un ensemble de filières culturelles.

I / Les fondements du droit d'auteur

Un héritage philosophique et politique

Le droit d'auteur est à la fois un droit de la personnalité dans sa dimension de droit moral (inégalement présente selon les pays) et un droit de propriété pour l'aspect patrimonial. La composante économique consiste à accorder à l'auteur, puis à ses héritiers, pour une période déterminée, un monopole d'exploitation de l'œuvre qui prend la forme de droits pécuniaires cessibles et bornés dans le temps. La construction de cette catégorie juridique et la légitimation à laquelle elle a donné lieu sur le terrain économique n'ont cessé d'évoluer.

L'opposition entre droit naturel et conception utilitariste de la propriété intellectuelle

Les premiers débats d'envergure sur les fondements des droits d'auteur prennent source dans l'opposition entre deux approches philosophiques de la propriété, l'une développée par John Locke à la fin du XVIIe siècle, l'autre par Jeremy Bentham, précurseur de l'utilitarisme, un siècle plus tard. John Locke étend la propriété naturelle de l'individu sur son corps à la propriété naturelle de l'auteur sur son œuvre, parce qu'elle est le fruit de son travail (*Essay Concerning Human Understanding*, 1689). Son influence sur le législateur du XVIIIe siècle est importante puisque le principe lockéen de droit naturel inspire ceux qui justifient la propriété intellectuelle par l'acte de création de l'auteur. À l'opposé de la tradition lockéenne se développe une conception utilitariste aux termes de laquelle la propriété intellectuelle tire sa légitimité de son efficacité économique.

Les débats sur le bien-fondé et l'application du droit d'auteur se prolongent tout au long du XIXe siècle. L'économiste libéral Frédéric Bastiat préconise un droit de propriété perpétuel inspiré de la conception lockéenne : parce que l'auteur est le propriétaire naturel de son œuvre, le droit d'auteur est un droit de propriété total qui doit pouvoir se vendre ou s'hériter sans obstacle, comme c'est le cas pour d'autres titres de propriété. Cette idée, popularisée dès 1844 par Jean-Baptiste Jobard sous l'appellation « monautopole » (monopole perpétuel de l'auteur), donne lieu en 1859 à un ouvrage collectif de disciples de Bastiat [Sagot-Duvauroux, 2002]. Aucun pays n'a jamais repris cette idée en matière de droits patrimoniaux ; en revanche, le système français s'en inspire en partie en consacrant un droit moral perpétuel.

Défendue par Jules Dupuit ou Léon Walras contre la plupart des économistes libéraux de l'époque, la conception utilitariste, quant à elle, imprègne en grande partie la législation américaine. Selon Dupuit, la propriété est une construction dont l'origine doit être recherchée dans son utilité sociale. Pour ce précurseur de l'économie du bien-être, l'important est d'évaluer en termes d'efficience les avantages et les inconvénients d'un système de propriété intellectuelle. L'octroi d'un monopole peut être un moyen de stimuler la création, mais il ne peut s'agir que d'une protection limitée dans le temps.

Les prémisses du débat sur le domaine public

Séverine Dusollier [2005] voit une autre justification du droit d'auteur dans un courant particulier, issu notamment de la pensée d'Emmanuel Kant, celui de la publicité du discours. Dans l'Europe des Lumières du XVIIIe siècle, émerge un espace public de discussion, élément décisif de la démocratie naissante. Constitué du rassemblement de personnes privées, qui usent du principe de publicité tel que Kant le définit (usage public de la raison), il est un moyen d'opposition au pouvoir. L'émergence de cette sphère publique renvoie au développement de la production culturelle et littéraire de l'époque. Au lendemain de la Révolution et de l'abolition des privilèges, l'œuvre change de statut : de sacrée, elle devient un bien suscitant la discussion, et l'artiste, certes libéré du bon vouloir des souverains, est désormais soumis aux goûts du public. Le droit d'auteur ne vise plus seulement, comme dans la tradition lockéenne, la reconnaissance d'un droit de propriété de l'auteur ; il tempère l'absolutisme de la propriété en contribuant à la constitution d'un espace public où se rencontrent l'auteur, son œuvre et le public.

La préoccupation de la constitution d'un domaine public traverse la pensée des Lumières. Dans le même temps où Diderot publie notamment *La Lettre sur le commerce des livres* (1763), texte dans lequel il défend la légitimité de la propriété de l'auteur sur son œuvre comme droit inaliénable, Condorcet et Sieyès avancent qu'une propriété littéraire sans limite serait injuste car elle instituerait durablement un monopole sur des idées qui sont partie prenante du bien commun et utiles au progrès de l'humanité : les idées ne sauraient être la propriété d'une personne, elles sont le fruit d'un processus collectif de création. Afin de concilier protection et diffusion, Sieyès suggère un droit d'une durée maximale de dix années après la mort de l'auteur. Ce débat se traduit par une première délimitation d'un domaine public, dont on trouve précocement une définition dans un arrêt de 1777, qui stipule que tous les libraires et éditeurs sont susceptibles d'obtenir une autorisation de publier un texte après l'expiration du privilège qui lui est attaché et la mort de son auteur.

Au XIXe siècle, les opposants à la propriété perpétuelle, menés par Pierre-Joseph Proudhon (qui publie *Les Majorats littéraires* en 1862) et par l'économiste américain Henry Carey, craignent l'affaiblissement de la production d'idées nouvelles. Dans un célèbre discours d'ouverture du congrès littéraire international, en 1878, Victor Hugo adopte une position nuancée mettant en évidence le conflit entre intérêts privés et collectifs : « Le livre, comme livre, appartient à l'auteur, mais comme pensée, il appartient — le mot n'est pas trop vaste — au genre humain... Si l'un des deux droits, le droit de l'écrivain et le droit de l'esprit humain, devait être sacrifié, ce serait, certes, le droit de l'écrivain, car l'intérêt public est notre préoccupation unique, et tous, je le déclare, doivent passer avant nous » [Hugo, 1926].

Ces débats originels reflètent déjà ce que seront les grandes fonctions des droits d'auteur. Forme de rémunération des créateurs, originale puisque proportionnelle au succès, ils récompensent *ex post* leur travail et constituent une source spécifique et bien souvent unique de revenus. La proportionnalité des revenus aux recettes de l'œuvre permet de corriger les injustices éventuelles liées à la lenteur de la reconnaissance des artistes dans le domaine culturel (notamment sur le marché de l'art), et d'inciter des agents économiques à s'engager dans des activités où la valorisation est incertaine en compensant de nombreux insuccès par des rétributions fonction du succès lorsque celui-ci à lieu. On rejoint ici les analyses proposées par Adam Smith dès 1776 dans *La Richesse des nations*, qui soulignait le caractère de loterie lié à la vie d'artiste. Les droits d'auteur ont également pour fonction de s'articuler avec le respect d'un domaine public ouvert à tous dans une perspective de diffusion culturelle. Enfin, les droits d'auteur ont une fonction incitative que nous développerons plus particulièrement dans cet ouvrage, dans la mesure où la vision utilitariste a été le terreau des théories économiques contemporaines, qui appréhendent le droit d'auteur essentiellement à travers la question des incitations.

Les incitations au cœur de l'analyse économique des droits de propriété intellectuelle

L'œuvre de l'esprit comme bien collectif

Depuis les travaux de Paul Samuelson [1954], il est courant de distinguer biens privatifs et biens collectifs, et d'associer la notion de bien collectif aux deux propriétés de non-rivalité et de non-exclusion. La non-rivalité exprime le fait que la consommation d'une unité d'un bien par un agent ne diminue pas la quantité disponible pour un autre agent (tels les cas de l'éclairage public, d'un théorème mathématique ou d'un programme radiophonique). La non-exclusion fait référence à l'impossibilité d'écarter de l'usage un agent ne concourant pas au financement du bien (du fait de l'absence d'un dispositif juridique spécifique — un droit de propriété — d'une convention sociale, ou encore d'un dispositif technique qui limite l'accès). La non-rivalité implique que le coût marginal pour satisfaire un consommateur supplémentaire est nul. Le prix est donc nul de même, du moins si l'on tarifie au coût marginal. Il est en effet inefficace de vouloir faire payer des consommateurs dont la disposition à payer est faible, puisqu'ils peuvent tirer un bénéfice de l'usage du bien sans gêner les autres. Mais la tarification à prix nul ne permet pas au producteur de couvrir ses coûts fixes.

L'impossibilité d'exclure les agents économiques qui ne contribuent pas au financement pose également la question de l'incitation à produire une quantité optimale de biens, pourtant utiles à la collectivité. Le marché se révèle défaillant, et l'intervention publique devient nécessaire.

Dès 1962, Kenneth Arrow [1962] assimile les inventions à un processus de production d'informations, biens présentant les mêmes caractéristiques que les biens collectifs, et dont la production est soumise aux mêmes défaillances de marché. L'information est non rivale, car un nouvel usager ne diminue pas l'information disponible pour autrui. Chacun peut profiter d'une idée ou d'une information, dès lors qu'elles ont été produites et mises à disposition de certains. Lorsque je donne l'heure à mon voisin, nous sommes deux à la connaître. Si, au contraire, je lui donne ma montre, bien rival, je n'ai plus ni montre ni heure. Cette caractéristique de non-rivalité est décisive. En introduisant un monopole pour l'auteur sur l'usage de son œuvre, les droits de propriété intellectuelle (DPI) constituent un mécanisme permettant de restaurer l'initiative privée pour régler le problème posé par la non-rivalité des biens collectifs [Demsetz, 1970]. Il s'agit pour les pouvoirs publics d'« encadrer » l'initiative privée plutôt que de s'y substituer, contrairement à des interventions comme la subvention par l'État. Dans la lignée des travaux d'Arrow, les économistes mettront donc l'accent sur le rôle incitatif de la propriété intellectuelle.

Entre incitation et diffusion. Les DPI comme compromis

Après avoir distingué les biens rivaux pour lesquels des droits de propriété forts jouent un rôle positif essentiel, et les biens non rivaux, William Nordhauss [1969] montre que, pour ces derniers, le choix entre droits de propriété faibles et droits de propriété forts correspond à une solution médiane entre risques de sous-production et risques de distorsions monopolistiques. Les DPI réalisent en effet un compromis entre l'incitation à innover (dans le cas du brevet) ou à créer (dans le cas du droit d'auteur) et la diffusion auprès du public : d'un côté, il s'agit de limiter l'usage, que l'on soumet à autorisation ou/et à paiement, et, de l'autre côté, on souhaite éviter de brider la diffusion de l'invention ou de l'œuvre. Un compromis entre ce que les économistes appellent l'efficacité dynamique (amélioration dans le temps des techniques de production et des biens) et l'efficacité statique (les ressources doivent être allouées de manière à ce que le bien-être collectif soit maximisé, ce qui suppose que les productions soient utilisées par le plus grand nombre) doit être trouvé. Tandis qu'une protection forte permet de créer un environnement propice à l'innovation ou à la création en accordant une rente à ses titulaires, une protection faible permet la diffusion des innovations aux consommateurs ou à d'autres innovateurs.

En accordant une protection pour une période de temps limitée, les DPI offrent une solution séquentielle [Lévêque et Ménière, 2003]. Dans un premier temps, la protection donne un droit exclusif d'exploitation des œuvres et permet aux ayants droit de rentabiliser leurs investissements dans des productions qui nécessitent des coûts fixes importants, évitant que d'autres agents économiques qui n'auraient pas supporté ces coûts au départ puissent se comporter en « passagers clandestins », c'est-à-dire, par analogie avec le resquilleur dans les transports en commun, comme des individus qui bénéficient d'un bien ou d'un service sans avoir participé à son financement. La protection rend le bien excluable. Dans un second temps, au bout d'une période fixée par la loi, la protection s'éteint, afin que la création ou l'innovation se diffusent dans l'ensemble de la collectivité. Le bien redevient accessible à tous sans rivalité.

Du droit de la propriété intellectuelle au droit d'auteur. Une littérature économique de plus en plus riche

La théorie économique moderne du droit d'auteur — en tant qu'objet de recherche spécifique et non comme simple branche de l'analyse générale des DPI — s'est développée à partir de la contribution fondatrice et très critique d'Arnold Plant, en 1934. Le véritable essor des travaux dans ce domaine date des années 1970 et surtout 1980 sous la double impulsion, sur le plan factuel, de l'impact des technologies de reproduction (photocopies, copies analogiques de musique...), et, sur le plan théorique, de l'héritage de tout un foisonnement de travaux. L'analyse est profondément transformée par l'assimilation des œuvres de l'esprit, en tant que contenus intellectuels et artistiques, à des biens informationnels qui présentent les mêmes caractéristiques que celles décrites par Arrow, tandis que les supports (DVD, disques, etc.) sont des biens privatifs. Les contributions théoriques et empiriques se multiplieront désormais, notamment dans le cadre de la *Law and Economics*. Parce que l'analyse économique du droit reste surtout développée dans les pays de *Common Law* où le droit est davantage sensible aux évolutions de la jurisprudence que dans les pays européens de droit romain, l'analyse économique de la propriété intellectuelle a surtout fait des émules dans les pays de copyright.

Entre incitations et rentes de situation : un équilibre nécessaire

Les vertus incitatives

L'aspect incitatif du droit d'auteur qui a surtout retenu l'attention des économistes concerne non pas le créateur, mais le producteur ou, plus généralement, l'intermédiaire à qui l'auteur cède ses droits et qui s'engage dans la diffusion des œuvres sur le marché. De façon très symptomatique, dans un article devenu référence, Richard Posner et William Landes [1989] ne distinguent pas l'auteur de l'éditeur. Ce juge et ce professeur de *Law and Economics*, tous deux enseignants à l'Université de Chicago, modélisent la propriété intellectuelle à partir d'une caractéristique majeure des biens culturels reproductibles, en prenant l'exemple de l'industrie du livre. Comme toutes les industries culturelles, l'édition est une économie de prototypes nécessitant la mise en œuvre de coûts fixes élevés et comprenant une part significative de coûts irrécupérables, c'est-à-dire engagés spécifiquement pour la production de l'œuvre. L'essentiel des investissements se situe en amont, dans la conception des prototypes, et non dans les phases de reproduction et de distribution. L'importance croissante des dépenses dédiées au marketing atténue cependant, dans bien des cas, le poids de la conception dans le coût global d'un livre.

C'est sur cette caractéristique que Landes et Posner mettent l'accent. La production nécessite deux types de coûts : les coûts de création ou « coûts d'expression » doivent être supportés afin de mettre au point un manuscrit (effort de l'auteur, coût d'édition d'un manuscrit, de relecture, etc.) ; ils ne varient pas avec le nombre de copies effectuées. Les coûts des copies additionnelles sont au contraire des coûts variables (reproduction, distribution de copies, marketing), généralement nettement moins élevés que les premiers. On retrouve une caractéristique que Kenneth Arrow accordait à l'information, coûteuse à produire mais peu coûteuse à reproduire. Tout bien informationnel est communicable à un coût largement inférieur à son coût de production : la production d'un bien d'information nécessite des coûts fixes élevés, son coût marginal est faible [Shapiro et Varian, 1998]. Le prix de ces biens ne peut s'aligner sur leur coût marginal de diffusion (faible, voire nul dans le cas du numérique), ce qui négligerait totalement le coût de production. Le problème est particulièrement aigu dans une industrie comme le cinéma : un film dont la production coûte plusieurs millions d'euros peut être copié sur une copie 35 mm, voire sur un support DVD pour quelques euros. En l'absence de copyright, n'importe qui pourrait réaliser et vendre des copies sans avoir à supporter les coûts d'expression. Le producteur ou l'éditeur qui réalise et commercialise des copies bénéficie d'avantages concurrentiels décisifs par rapport au producteur originel : non seulement il ne supporte pas les coûts fixes, mais, de plus, en sélectionnant les œuvres qui ont déjà connu le succès, il évite tout risque éditorial lié à l'incertitude sur la demande.

Pour justifier l'existence de droits patrimoniaux, l'argument économique le plus convaincant est sans nul doute le fait qu'il protège les auteurs et les producteurs originels des producteurs « passagers clandestins » qui exerceraient une concurrence déloyale en reproduisant le bien sans en supporter les coûts fixes. En accordant un monopole d'exploitation au producteur originel, la propriété intellectuelle augmente le bien-être social en limitant le risque de sous-production ; elle incite le créateur ou le producteur auquel il a cédé ses droits à ne pas déserter une activité qui, sans elle, serait non rentable. Pour amortir des coûts que l'on peut assimiler à ceux de la recherche dans le domaine de l'innovation, l'auteur (ou le producteur) doit donc bénéficier de rentes. En accordant le droit exclusif d'autoriser ou d'interdire la reproduction ou la représentation d'une œuvre, les DPI assurent juridiquement l'exclusion de ceux qui copient sans autorisation ; l'analyse économique les nomme passagers clandestins, l'analyse juridique contrefacteurs. De ce point de vue, le terme anglo-saxon *copyright* exprime beaucoup mieux que la notion de

« droit d'auteur » la volonté de se protéger des copieurs, « passagers clandestins » de la création.

Les limites de l'incitation

L'intérêt du copyright ne peut se comprendre sans référence à l'argument selon lequel la copie exerce des effets négatifs sur la rentabilité des activités menées par les producteurs d'œuvres originales. Ceux-ci sont en effet privés de revenus dans la mesure où des acheteurs potentiels se détournent du marché des originaux au profit des copies. La réalité de cet effet de substitution sera cependant remise en cause notamment par Stanley Liebowitz [1985] qui, à travers le concept d'« appropriabilité indirecte », défend l'idée que le copiage a des effets moins négatifs que ceux l'on pourrait craindre (*cf.* chapitre IV).

Aux vertus incitatives du copyright s'opposent les critiques de nombreux économistes. Dès 1934, on trouve chez Arnold Plant l'essentiel des arguments qui seront repris à l'encontre du copyright. S'intéressant au marché du livre à un moment où les photocopies n'existent pas, Plant distingue les auteurs dont la profession est l'écriture de ceux qui écrivent pour des raisons non financières (poètes, universitaires...) pour ne s'intéresser qu'aux premiers. Selon lui, le fait que nombre d'écrivains ont produit de grandes œuvres, notamment sous la Renaissance, grâce au mécénat, et sans avoir besoin de copyright, démontre l'inutilité de ce dernier. D'autres arguments iront à l'appui de cette conclusion : pour le juriste Stephen Breyer [1970], la stratégie que l'on appellerait aujourd'hui celle du *first mover* incite à produire, en l'absence de droits d'auteur, puisque le producteur arrivé le premier sur le marché peut proposer son offre en priorité aux consommateurs qui affichent le prix de réservation (auquel ils acceptent d'acheter) le plus élevé. D'autres économistes ont également mis l'accent sur la diversité des moyens d'incitation : mécanismes fiscaux d'aides aux créateurs, droit social ou subvention [Hurt et Schuchman, 1966 ; Merges, 1995]. L'allocation de DPI est, avec la production directe par l'État ou la subvention, *une* des réponses possibles aux problèmes de sous-production des biens collectifs [David, 1993]. Parfaitement acceptée dans de nombreux pays pour la recherche scientifique, la production directe par l'État ne l'est guère pour la production culturelle. Plus courante, la subvention fait aussi question, parce qu'elle engendre une économie de rente qui se développe à l'abri des sanctions du marché. Outre les conséquences en termes de dépenses publiques et de distorsions de prix, elle nourrit, comme la production directe par l'État, les académismes d'une création directement soumise au fait du prince. Steven Shavell et Tanguy Van Ypersele [2001], comme Breyer [1970] auparavant, envisagent quant à eux des systèmes de récompenses alternatifs pour les créateurs qui n'auraient pas les effets anticoncurrentiels de la propriété intellectuelle. Ils comparent celle-ci (essentiellement les brevets) au système des *rewards* (récompenses) qui suppose que les innovateurs ou créateurs soient payés directement par le gouvernement et que le résultat de leurs travaux tombe immédiatement dans le domaine public. L'incitation à innover est préservée en même temps que l'accès à l'innovation. Ils suggèrent donc de généraliser ce système utilisé jusque-là dans des pays et des contextes très différents et de façon limitée (Grande-Bretagne, États-Unis pour l'énergie atomique, URSS ou Chine dans les années 1950). Pour éviter que les récompenses ne soient attribuées selon des considérations politiques, elles pourraient provenir de fonds privés [Posner, 2005].

Les DPI ne seraient donc pas une procédure indispensable pour inciter à la production culturelle. Le point central d'un nombre important de critiques réside en outre dans leurs effets contre-performants. Stephen Breyer avance qu'une économie sans copyright permet une diffusion plus importante des œuvres et élimine les coûts de transaction élevés nécessaires à leur obtention. Nombre d'auteurs soulignent que le DPI confère un monopole à son titulaire et autorise la fixation de prix unitaires élevés, supérieurs au coût marginal et assimilables à des rentes. De ce fait, moins de consommateurs achètent le bien, conduisant à une perte de bien-être social et à une « sous-utilisation » [Novos et Waldman, 1984]. L'assimilation d'un DPI à un monopole est cependant discutable. Le monopole juridique que confère la propriété intellectuelle donne effectivement à son titulaire une exclusivité sur une invention ou une création. Mais cela ne le positionne pas automatiquement dans une situation de monopole au sens économique du terme, au sens où un seul vendeur fixerait le prix sur le marché pour une œuvre qui ne serait en compétition avec aucune autre. En effet, malgré le caractère prototypique des biens culturels, les œuvres ont des substituts, certes imparfaits [Kitch, 2000 ; Yoo, 2005] : un lecteur peut toujours se reporter sur un ouvrage proche lorsque celui qui avait retenu son attention au départ se révèle trop coûteux.

La littérature économique montre donc les effets contrastés du copyright sur le bien-être social, et le choix d'un niveau optimal de protection est le résultat d'un arbitrage délicat entre sous-production et sous-utilisation. « La question centrale de la législation, en matière de copyright, est celle de la détermination de l'équilibre satisfaisant entre accès et incitation » [Landes et Posner, 1989, p. 326]. Et Stan Liebowitz et Richard Watt d'ajouter [2006, p. 517] : « Rien n'a été écrit de convaincant au sujet du niveau optimal de protection. »

Faciliter les transactions et optimiser l'exploitation des œuvres

Au-delà de leur fonction incitative, les DPI permettent de faciliter les échanges sur le marché et de réduire les coûts de transaction, c'est-à-dire les coûts d'information, de négociation, et de contrôle des accords, qui s'ajoutent aux coûts de production proprement dits. Ils incluent les coûts liés à la difficulté de réunir un nombre élevé d'individus, à l'impossibilité d'identifier les coûts et avantages de chacun — ce qui transforme une négociation en conflit interminable —, à la présence d'intérêts fondamentalement contradictoires entre les parties, aux obstacles qui entravent le contrôle des entorses constatées, etc. La notion de coûts de transaction est introduite par Ronald Coase [1960], précurseur de l'analyse économique du droit, qui montre qu'en cas d'externalités (une activité polluante par exemple), il n'est pas systématiquement nécessaire d'en appeler à l'intervention publique (en imposant une taxe au pollueur, ce qui permet d'internaliser les coûts de son activité pour la collectivité). Lorsque les coûts de transaction sont nuls ou négligeables, les agents négocient spontanément sur le marché une solution qui établit une allocation des ressources optimale, et cela, quelle que soit l'attribution initiale des droits de propriété (que ceux-ci soient attribués au pollueur ou à la victime). Dans cette situation idéale, la manière dont les règles de droit organisent l'allocation des ressources n'influence pas l'efficacité économique ; seule compte la possibilité que les droits soient négociables sur un marché. Cette conclusion ne se situe cependant pas en dehors du droit et de l'intervention publique : c'est l'appareil juridique qui garantit l'allocation initiale des droits [Kirat, 1999]. La compétence du marché est de négocier des droits déjà clairement attribués et non de se substituer au droit dans ce rôle initial. Ronald Coase propose une solution de « quasi-marché » : même en l'absence de coûts de transaction, l'État conserve un rôle qui consiste à veiller au respect des droits de propriété. Mais son action est surtout justifiée lorsque la présence de coûts de transaction élevés empêche la conclusion de contrats spontanément négociés entre les membres d'une communauté. Elle n'a de sens que si les coûts qui lui sont associés ne dépassent pas ceux liés à son absence. Seules des réponses au cas par cas peuvent être données afin d'établir, à chaque fois, la meilleure solution.

Cette grille d'analyse a été appliquée aux DPI qui permettraient de minimiser les coûts des transactions. Les DPI constituent en effet un ensemble de droits exclusifs, temporaires et cessibles [Lévêque et Ménière, 2003]. Les deux premières caractéristiques répondent aux propriétés particulières de l'information ; elles scellent le compromis entre efficacité dynamique et efficacité statique. La cessibilité renvoie au fait qu'en autorisant les échanges et en réduisant les coûts de transaction, le système juridique facilite l'exploitation des créations par ceux capables de les valoriser au mieux. Un agent économique a tout intérêt à céder l'exploitation d'un bien à un autre agent capable d'en dégager un meilleur profit, s'il le cède à un prix supérieur au profit qu'il réaliserait lui-même. La propriété intellectuelle a pour objectif non seulement d'exclure les non-payeurs mais également de délimiter et de distribuer des droits de propriété sur les ressources de façon à permettre de négocier efficacement ces droits ; ce sont ainsi les agents les plus aptes à valoriser les ressources qui les exploitent. Pour Wendy Gordon [1992], les analyses en termes d'incitation et de coûts de transaction peuvent être complémentaires et successives. Il s'agit d'abord d'octroyer des droits dans une logique d'incitation. Une fois qu'ils sont accordés, l'objectif est que l'exercice de ces droits aboutisse à des transactions répondant aux besoins des utilisateurs. La complexité de la recherche des ayants droit pour certains types de productions (réaliser une œuvre multimédia par exemple) peut cependant parfois aboutir à ce que l'existence de DPI, loin de simplifier les transactions, les rende au contraire plus difficiles. L'accès payant impose des coûts de recherche et de négociation des droits qui peuvent décourager de nombreux usages potentiellement efficients économiquement [Einhorn, 2004].

Prenant racine dans des fondements philosophiques variés, l'analyse économique du droit d'auteur s'est largement développée au cours des deux dernières décennies. Les arguments économiques ont fait une percée controversée dans les discussions internationales récentes, certains regrettant l'emprise des objectifs économiques au détriment des préoccupations culturelles : la directive européenne de 2001, dans son exposé des motifs, contient ainsi quatre considérants qui insistent expressément sur les intérêts économiques avant d'en venir, par un seul considérant, aux préoccupations culturelles. L'historien Bernard Edelman [2004] déplore la contamination de la loi française par une logique inspirée du droit anglo-saxon, qui se traduit par le passage d'un droit d'auteur naturel à un droit économique. Pourtant, et sans surprise, la tonalité est radicalement différente chez un certain nombre d'universitaires anglo-saxons comme Pamela Samuelson [2005] qui insiste au contraire sur le peu d'influence que les économistes exercent sur les décisions prises en matière de propriété intellectuelle. Ces divergences d'analyse illustrent le fait que l'analyse économique du droit d'auteur reste réductrice malgré sa richesse [Farchy, 2006] : cette approche utilitariste peut être perçue comme une hérésie par des Européens imprégnés de l'idée d'un droit naturel qui met l'auteur au cœur du dispositif ; en effet, l'octroi de droits de propriété n'est pas une fin en soi (comme dans l'optique du droit naturel) mais un moyen, parmi d'autres, au service d'un objectif, celui de la maximisation du bien-être social.

II / Le droit d'auteur, compromis social à géométrie variable

Au-delà de ses effets contrastés sur le bien-être social, l'existence du droit d'auteur ou du copyright résulte d'un enchaînement de faits historiques. Ces faits n'ont en effet pas été forgés sur la base de grands principes immuables, mais par sédimentations successives. Paul David [1993] adopte la métaphore du « pouce du panda géant » afin de rendre compte de l'évolution des dispositifs de protection, qui se sont élaborés dans le cadre d'une architecture complexe d'institutions nationales et internationales : ce pouce a été décrit comme un prolongement inélégant mais pratique (il permet au panda de saisir aisément les feuilles de bambou) et comme un exemple frappant d'improvisation évolutionniste dans le domaine de la biologie. De même, les dispositions en matière de propriété intellectuelle se sont constituées en une série d'étapes ; elles ont été l'objet de conflits d'intérêts qui en font un compromis social toujours susceptible de réajustements, et dont l'application est sujette à variations dans le temps comme dans l'espace.

Les origines du copyright et du droit d'auteur

Les prémisses italiennes et britanniques

Certains auteurs font remonter les premiers éléments de protection de la création à l'Antiquité [Hesse, 2002]. Durant des siècles cependant, non seulement le droit d'auteur n'était guère reconnu, mais encore le résultat du travail des copistes était valorisé comme un signal de la reconnaissance que l'on devait au talent des maîtres. Les prémisses du copyright ne datent vraiment que de 1469, lorsque la République de Venise concède à l'éditeur Johann von Speyer un privilège personnel d'édition d'une durée de cinq années, en échange de l'introduction de l'art de l'impression dans la cité. On passera en 1486 de la protection de l'éditeur vers celle des auteurs, avec la décision d'accorder à l'historiographe de la République le contrôle exclusif de la publication de son œuvre ; un décret de 1544 interdira l'impression de tout ouvrage en l'absence de permission écrite de l'auteur ou de son héritier immédiat [David, 1993 ; Merges, 1995].

Le premier véritable texte législatif moderne qui organise le copyright n'est toutefois adopté qu'en 1709, en Angleterre : c'est le *Statute of Anne*, qui attribue aux auteurs le droit de demander un copyright, limité à quatorze années — qu'il était possible de doubler lorsque l'auteur était encore vivant au terme de cette durée. Le *Statute* suscita une forte inquiétude chez les libraires-éditeurs londoniens, qui détenaient jusque-là un privilège, acquis en 1557, leur garantissant un droit exclusif et perpétuel sur leurs titres. Afin de conserver ce monopole perpétuel, accordé à des fins de censure et de surveillance mais dont les incidences économiques étaient essentielles, les éditeurs-libraires cherchèrent ainsi à lier leurs droits à la reconnaissance de la propriété de l'auteur sur son œuvre. Le *Statute* a inspiré le *Copyright Statute* américain adopté le 31 mai 1790. Les États-Unis ne concédaient, avec cette législation, de droits qu'aux auteurs américains et n'ont élargi la protection aux étrangers qu'à partir de 1891.

Naissance du droit d'auteur à la française et spécificités nationales

Dans la France de 1760, Diderot affirme la propriété de l'auteur sur son ouvrage, et reconnaît dans l'œuvre un bien négociable ayant une « valeur commerçante ». Mais, jusqu'à la Révolution, les privilèges d'édition constituent des monopoles des libraires-éditeurs ; ces privilèges, lointains ancêtres du droit d'auteur, contribuent à l'organisation du marché éditorial tout en remplissant une fonction de surveillance des textes édités. Si divers épisodes montrent la montée de la reconnaissance progressive d'un droit dévolu aux auteurs [Latournerie, 2001], c'est la Révolution qui en permet l'institutionnalisation. En 1791, Lakanal recommande la protection devant l'Assemblée constituante : « La propriété de toutes les propriétés la moins susceptible de contestation, celle dont l'accroissement ne peut ni blesser l'égalité républicaine ni donner ombrage à la liberté, c'est sans contredit celle des productions du génie, et si quelque chose doit étonner, c'est qu'il ait fallu reconnaître cette propriété, assurer son libre exercice, par une loi positive.

Le premier projet de loi est présenté par Le Chapelier en 1791 ; parce qu'il doit beaucoup à ce que l'on appellera la « querelle des théâtres » (*cf. infra*), il est centré sur la protection des œuvres des auteurs dramatiques. Il qualifie cette propriété concédée en faveur des auteurs en des termes qui demeureront : « La plus sacrée, la plus légitime, la plus inattaquable, et, si je puis parler ainsi, la plus personnelle de toutes les propriétés, est l'ouvrage fruit de la pensée d'un écrivain. » Le texte s'achève cependant sur une note beaucoup plus favorable aux intérêts du public : « Comme il est extrêmement juste que les hommes qui cultivent le domaine de la pensée tirent quelque fruit de leur travail, il faut que, pendant leur vie et pendant quelques années après leur mort, personne ne puisse sans leur consentement disposer du produit de leur génie. Mais, enfin, après le délai fixé, la propriété du public commence, et tout le monde doit pouvoir imprimer, publier les ouvrages qui ont contribué à éclairer l'esprit humain. » La première loi révolutionnaire en matière de propriété littéraire et artistique, votée en 1791, consacre ainsi le droit de représentation. Deux années plus tard, la loi consacre le droit de reproduction. Les lois de 1791 et de 1793 constitueront un compromis entre la position des éditeurs en faveur d'un privilège d'édition non limité dans le temps et la position utilitariste en faveur d'une durée réduite de protection : le droit exclusif des auteurs leur est concédé à titre temporaire (la vie de l'auteur, et cinq ou dix ans après sa mort). Ce texte emploie l'expression « propriété littéraire et artistique » et non celle de droits d'auteur. Celle-ci n'apparaît pour la première fois qu'en 1838, sous la plume d'Augustin-Charles Renouard, à l'occasion de la publication de son *Traité des droits d'auteurs, dans la littérature, les sciences et les beaux-arts*.

En 1866, un nouveau compromis est trouvé en France avec la loi qui consacre l'adoption d'une durée de cinquante ans après le décès de l'auteur. À la même époque, la Grande-Bretagne vit sous le régime d'une loi qui fixe la durée de la protection à sept ans après la mort de l'auteur et quarante-deux ans après la première publication de l'œuvre. Quant à l'Empire germanique, il fixe en 1871 la durée de protection à trente années après la mort de l'auteur. Mention doit être faite de l'originalité du dispositif italien, d'une grande modernité, adopté après la constitution du Royaume, en 1861 : la durée du droit exclusif de représentation et d'exploitation commerciale comprend la vie de l'auteur ou quarante années après la publication ; puis s'ouvre une période de licence payante d'une durée de quarante années. L'hétérogénéité des dispositifs nationaux est alors très grande, même si certains éléments convergent, comme l'extension du droit d'auteur aux œuvres musicales et artistiques.

La propriété intellectuelle ne résulte donc pas d'une application particulière du droit de propriété, mais dérive de la défense du privilège de la librairie [Chartier, 2002]. Selon Paul David [1993], c'est la nouvelle technologie de l'imprimerie qui transforma les aspects économiques de l'activité de reproduction en augmentant de manière substantielle la disparité entre le coût de la première copie (imprimée) et le coût unitaire des copies consécutives : « La loi sur les droits d'auteur a été façonnée d'emblée davantage par les aspects économiques de la publication que par ceux de l'auteur. » Il ressort surtout de cet aperçu de l'histoire que, dès l'abord, les grands débats sont posés. Par la suite, le droit d'auteur ne cessera de demeurer le résultat d'un compromis instable, objet récurrent de débats et de litiges, dans une tension permanente entre reconnaissance et protection de l'auteur et volonté de faire basculer les mêmes créations dans le champ des biens à disposition de tous.

Droits d'auteur *versus* copyright : une opposition de principe, mais des rapprochements de fait

Tandis que le droit d'auteur se consolide en Europe, les États-Unis adoptent un corpus législatif d'une autre nature, autour de la notion de copyright. Leurs fondements respectifs sont profondément distincts.

Les grandes lignes de clivage

Le copyright, même s'il est fondé sur un principe constitutionnel, est de nature utilitariste et économique avant que d'être ancré dans le champ du juridique, tandis qu'à l'inverse on peut avancer que le juridique prime sur l'économique avec le droit d'auteur. Les États-Unis, le Royaume-Uni, l'Irlande, et aussi dans une certaine mesure les Pays-Bas et les pays nordiques ont adopté le système du copyright. Les droits sont attribués à celui qui assume le risque économique en prenant en charge le financement de la création. C'est ainsi que Orson Welles, dans une boutade un peu amère, remarquait que les auteurs de *Citizen Kane* étaient la RKO en 1941, d'autres producteurs par la suite, et non pas lui-même. En revanche, dans les pays inspirés par la notion de droit « à la française », le droit d'auteur renvoie à la personne (ou aux personnes) à l'origine de la création, et les droits sont attribués aux seuls créateurs ; ils s'attachent à leur personne physique et non à la personne physique ou morale du producteur/financeur.

Le second élément de l'opposition a trait au droit moral, théoriquement absent du copyright. En effet, dans le cas du copyright, l'œuvre (et ses exploitations présentes et à venir) prime, tandis que l'auteur est au cœur de la construction juridique du droit d'auteur, dans une vision romantique qui constitue le terreau du droit moral. Les modalités d'application divergent enfin : pour le copyright, un dépôt est nécessaire, comme pour le brevet, tandis qu'en France la protection par le droit d'auteur s'applique naturellement, indépendamment de tout dépôt, à toutes les œuvres réalisées sur certains types de support reconnus par la loi. L'obligation de déposer une notice pour le copyright a toutefois été allégée en 1989.

La place du droit moral

En 1989, alors que la version colorisée du film de John Huston *Asphalt Jungle* (*Quand la ville dort*), dont le scénario avait été écrit par Ben Maddow, circulait sans problème aux États-Unis, les héritiers du réalisateur et du scénariste tentaient de s'opposer, au nom du droit moral, à ce que le film colorisé fût programmé sur une chaîne de télévision française — John Huston, mort en 1987, s'étant lui-même opposé de son vivant à la colorisation d'un autre de ses films, *Le Faucon maltais*. Les juges français s'en tinrent dans un premier temps aux règles du copyright américain ainsi qu'aux contrats conclus, qui n'interdisaient aucunement des modifications de l'œuvre sans l'accord des auteurs ni de leurs héritiers. La Cour de cassation jugea finalement que « aucune atteinte ne peut être portée à l'intégrité d'une œuvre littéraire ou artistique, quel que soit l'État sur le territoire duquel cette œuvre a été divulguée la première fois » (28 mai 1991). L'affaire résume deux visions et deux pratiques opposées de la mise en œuvre du droit d'auteur de part et d'autre de l'Atlantique.

Pierre-Yves Gautier définit le droit moral comme « le lien juridiquement protégé, unissant le créateur à son œuvre et lui conférant des prérogatives souveraines à l'égard des usagers, l'œuvre fût-elle entrée dans le circuit économique » [2004, p. 221]. Le droit moral est transmissible aux héritiers, et sa durée est illimitée, du moins en France. Le droit allemand au contraire calque la durée du droit moral sur celle du droit patrimonial. Au Japon, ce droit ne peut être invoqué que par la famille proche de l'auteur.

En France, le droit moral revêt quatre dimensions : droit de divulgation, droit de paternité, droit de repentir et droit au respect de l'intégrité de l'œuvre. Le droit de divulgation concerne la mise en contact de l'œuvre avec le public, qui doit être décidée par l'auteur, selon le procédé et les conditions qu'il aura choisis. Le droit moral permet par exemple de s'opposer à l'usage d'une chanson dans un contexte qui dessert la réputation de l'auteur (dans le cas d'une publicité pour un produit qui suscite sa désapprobation), mais cette possibilité n'existe pas aux États-Unis. Le droit de paternité permet à l'auteur d'afficher (ou de ne pas le faire, si tel est son souhait) la filiation de l'œuvre à son égard. Lorsque l'artiste entend faire jouer ce droit après la vente, le propriétaire est lésé, l'œuvre perdant par là même une part de sa valeur. Un cas célèbre concerne une œuvre du peintre de Chirico : l'artiste avait renié la paternité de l'œuvre ; le tribunal, jugeant que cette paternité était avérée, condamna l'artiste à indemniser l'acquéreur (tribunal de Rome, 1965). Le droit de repentir est un droit à retirer du circuit économique une œuvre avec laquelle l'auteur ne se sent plus en phase ; les incidences économiques de cette possibilité sont grandes, et l'on comprend que maintes conditions rendent son exercice extrêmement rare, l'auteur devant indemniser préalablement l'éditeur ou le producteur, car l'opération de retrait peut se révéler coûteuse et parfois difficile. Le droit à l'intégrité fait enfin l'objet d'une littérature abondante, tant ses incidences économiques peuvent être nombreuses.

Les incidences économiques du droit à l'intégrité de l'œuvre

Le droit au respect de l'œuvre, ou droit à l'intégrité, signifie qu'on ne peut dénaturer, transformer une œuvre, sans l'autorisation de l'auteur. Le cas de l'interdiction de la mise en vente en pièces détachées d'une œuvre de Bernard Buffet, en 1962, illustre les incidences économiques de l'application de cette forme de droit moral : la somme qui aurait été obtenue de la vente des pièces détachées aurait largement excédé la valeur de l'œuvre intégrale. De même, la régie Renault, parce qu'elle avait dissocié les trente et un panneaux qui constituaient une œuvre de Vasarely, fut condamnée en 1999 pour « atteinte morale » à verser des dommages aux ayants droit de l'artiste, mais pas à recomposer l'œuvre ainsi morcelée. Étrange décision, comme c'est souvent le cas en la matière. L'exercice du droit moral par un artiste, sur une œuvre dont il s'est défait, constitue une servitude qui altère le plein exercice de la propriété. Cette prérogative joue dans le temps et peut être exercée par les héritiers. Le droit moral leur permet ainsi de s'attaquer à une œuvre qui constituerait à leurs yeux une dénaturation de l'œuvre initiale. Les exemples sont légion, depuis la veuve de Pirandello qui s'était opposée à la représentation de pièces de théâtre de son époux, jusqu'à la plainte déposée par les héritiers de Victor Hugo contre la publication d'une suite des *Misérables* (la famille réclamant l'interdiction du livre et… des dommages et intérêts). Ironie de l'histoire : Victor Hugo était lui-même méfiant vis-à-vis du droit moral, car il jugeait que le public prend possession de l'œuvre au moment de sa publication, évinçant l'auteur — et *a fortiori* ses héritiers — de cette dimension de sa propriété. De même, le refus par les héritiers de la sonorisation d'un film muet ou de la colorisation revient à interdire la projection ou la télédiffusion de films sur la plupart des chaînes nationales françaises, celles-ci se refusant (ce qu'on est en droit de discuter) à programmer ces films en l'état en raison de la faible audience attendue.

Bien que sur le plan juridique on oppose communément le droit patrimonial, de nature économique, et le droit moral, issu de principes philosophiques et juridiques et pour lequel il est difficile de trouver des justifications économiques, l'exercice du droit moral a bien une incidence sur la valeur des œuvres possédées. Cette incidence est liée à la spécificité des œuvres d'art : le droit moral dérive du fait que « le label art inclut communément des externalités réputationnelles qui créent un intérêt profond des artistes et d'autres agents économiques pour le maintien de l'intégrité des œuvres » [Hansmann et Santilli, 1997, p. 104]. En d'autres termes, la valeur de l'œuvre serait menacée par la possibilité laissée à son acquéreur de la transformer sans autorisation. Pire encore : toute altération opportuniste réduirait la valeur de l'ensemble des œuvres de l'artiste, quelle que soit la situation de ces œuvres, qu'elles soient existantes et entre les mains d'autres propriétaires ou de l'artiste, ou qu'elles soient à venir. Le droit moral crée en outre une incitation à l'effort et à la construction d'une bonne réputation en matière artistique. Mais, d'un autre côté, le droit moral a un coût et peut même susciter des effets pervers. Si, dans le domaine des arts visuels, la traçabilité des détenteurs du droit moral est possible, elle est plus difficile et coûteuse dans le champ des industries culturelles. Le droit moral peut constituer une menace pour l'exploitation de l'œuvre sous sa forme initiale ou bien dérivée. Son caractère perpétuel confère aux héritiers successifs des prérogatives exorbitantes, au sens où la défense de l'intégrité de l'œuvre peut constituer un prétexte au maintien d'un monopole et à l'existence des rentes qui s'y rapportent, sans garantir pour autant que l'œuvre soit mieux à même d'être défendue par des héritiers que par d'autres, telles les associations de lecteurs ou d'amis de l'auteur. Certains créateurs et surtout certains de leurs héritiers peuvent en effet être tentés de détourner le droit moral de sa finalité originelle et d'en faire une arme financière pour monnayer leurs actions ou inactions. Ces usages abusifs du droit moral montrent la difficulté à tracer une frontière satisfaisante entre le respect de l'intégrité et la volonté de se positionner en prédateur du bien devenu commun à travers l'exercice perpétuel d'un droit qui devient, au fil du temps, de moins en moins légitime.

L'affaiblissement de la distinction entre droit d'auteur et copyright

L'opposition entre copyright et droit d'auteur est devenue en partie artificielle, et la mise en évidence de l'origine humaniste du système français procède d'une lecture partiale de l'histoire : le droit moral s'est progressivement intégré, certes partiellement, au droit d'auteur américain, de sorte que onze États le reconnaissent explicitement — sous une forme distincte et plus fruste que celle qui prévaut en France — et que les décisions de justice le prennent de plus en plus en compte, y compris dans les autres États. L'État de Californie et celui de New York reconnaissent le droit des auteurs à l'intégrité de leur œuvre, et le *Visual Artists Rights Act*, voté le 27 octobre 1990, a consacré le droit moral des artistes dans une loi fédérale. Des droits moraux ont de même été incorporés dès 1988 dans le droit d'auteur britannique. Réciproquement, la législation française encadre le droit moral afin d'en limiter les effets économiques pervers. Dans le domaine audiovisuel par exemple, où les œuvres sont qualifiées par les juristes d'« œuvres de collaboration » et où les investissements sont irrécupérables, on a introduit l'impossibilité pour l'un des auteurs de s'opposer à l'utilisation de sa contribution durant le tournage. Dans ce cas, l'entorse au droit moral est justifiée par les incidences économiques de la paralysie que pourrait entraîner la décision soudaine d'un seul auteur d'interrompre sa participation et d'empêcher l'achèvement de l'œuvre. De plus, en accordant aux auxiliaires de la création de véritables droits sous forme de droits voisins, la loi française de 1985 (*cf.* chapitre III) a largement reconnu le rôle des investisseurs dans le processus créatif. Enfin, le poids des législations internationales tend là encore à atténuer l'opposition traditionnelle entre droit d'auteur et copyright.

Vers une convergence des modèles nationaux ? L'architecture complexe des négociations internationales

Tout au long du XIXe siècle, les éditeurs américains piratent sans vergogne leurs collègues anglais : en 1843, on pouvait acquérir outre-Atlantique, pour six cents, un texte de Dickens vendu 2,5 dollars en Angleterre ! Inquiets de l'édition et de la circulation non maîtrisées de textes sous copyright, les parlementaires britanniques adoptent dès 1844 l'*International Copyright Act*, qui établit que les œuvres des auteurs étrangers seront protégées sous réserve de réciprocité de la part de leur pays d'origine. L'idée de dispositifs internationaux susceptibles d'encadrer le droit d'auteur apparaît ainsi puis se renforce avec le développement du marché du livre que permet la révolution industrielle. Selon Hesse, c'est la concurrence exacerbée entre éditeurs belges et suisses qui conduit à l'adoption du premier grand traité international. Celui-ci se prépare en 1878, lors du premier Congrès littéraire international mené par Victor Hugo, alors que la nécessité d'une organisation internationale de ces professions se fait jour.

De la convention de Berne...

Aux dispositifs de négociation bilatérale, fort nombreux puisque la France à elle seule avait négocié près d'une trentaine de traités, se substitue en 1886 la « convention internationale pour la protection des œuvres littéraires et artistiques » de Berne, aux termes de laquelle les dix pays signataires s'engagent à offrir la même protection aux auteurs étrangers et aux auteurs nationaux, et fixent la période de protection à cinquante années après le décès de l'auteur. Les États-Unis refusent alors de la signer, lui préférant le recours à la négociation bilatérale, et ne la rejoindront que très tardivement, en 1989. L'Inde adhère dès 1928 et la Chine en 1992.

La convention qui sera complétée ou révisée à différentes reprises (en 1896, 1908, 1914, 1928, 1948, 1967, 1971 et pour la dernière fois en 1979) stipule la liste des œuvres littéraires et artistiques protégées. Ce sont toutes les productions du domaine littéraire, scientifique et artistique, quel qu'en soit le mode ou la forme d'expression : livres, brochures, conférences, allocutions, sermons, œuvres dramatiques ou dramatico-musicales, œuvres chorégraphiques, pantomimes, compositions musicales, œuvres cinématographiques, œuvres de dessin, de peinture, d'architecture, de sculpture, de gravure, de lithographie, œuvres photographiques, œuvres des arts appliqués, illustrations, cartes géographiques, plans, croquis et ouvrages plastiques relatifs à la géographie, à la topographie, à l'architecture ou aux sciences. La protection des œuvres des arts appliqués et des dessins et modèles industriels est laissée à l'appréciation des législateurs nationaux. La protection est assurée dans tous les pays signataires, pour tous les auteurs ressortissant à l'un des pays (ou y résidant), ainsi que ceux qui publient pour la première fois dans l'un de ces pays. La convention reconnaît les droits moraux dès 1928. La durée de la protection comprend, au minimum, la vie de l'auteur et cinquante ans après sa mort. Elle prévoit un droit de suite sur les œuvres d'art et les manuscrits, dont les modalités et les taux de la perception sont déterminés par chaque législation nationale. En 2006, ce sont 159 pays qui ont ratifié la convention. Chacun dispose d'une voix et les décisions sont prises à la majorité des deux tiers des votes exprimés. Des dispositions particulières sont prévues pour les pays en voie de développement qui, du fait de leur situation économique et de leurs besoins sociaux ou culturels, ne s'estiment pas en mesure de prendre dans l'immédiat les dispositions propres à assurer la protection de tous les droits prévus dans la convention. Mais, si la convention propose un cadre pour la convergence des systèmes nationaux, elle ne l'impose pas.

... à l'OMPI...

La convention de Berne est placée sous l'égide de l'Organisation mondiale de la propriété intellectuelle (OMPI). Celle-ci, créée en 1967, est une institution spécialisée des Nations unies qui prolonge les activités du Bureau de la protection de la propriété intellectuelle, fondé en 1893. Sa mission consiste à élaborer un système international de propriété intellectuelle qui, tout en récompensant la créativité, stimule l'innovation et contribue au développement économique. En 2006, l'OMPI compte 183 États membres. Elle administre sept grands traités internationaux ayant trait à la propriété intellectuelle. C'est par exemple dans le cadre de l'OMPI que la convention internationale sur la protection des artistes interprètes ou exécutants, des producteurs de phonogrammes et des organismes de radiodiffusion, ou convention de Rome, pose le principe des droits voisins en 1961 ; la France l'a ratifiée en 1987. D'autres traités négociés dans ce cadre permettront par la suite de renforcer la protection des auteurs, lors de la convention de Genève (1971) sur la protection des producteurs de phonogrammes contre la reproduction non autorisée de leurs phonogrammes, celle de Bruxelles (1974) sur la distribution de signaux porteurs de programmes transmis par satellite, celle de Genève (1989) sur l'enregistrement international des œuvres audiovisuelles, celle de Genève encore (1996) sur les interprétations et exécutions et les phonogrammes. Notons enfin que le traité de l'OMPI sur le droit d'auteur, adopté à Genève en 1996, constitue un arrangement particulier — que les États-Unis ont transposé en 1998 sous le nom de *Digital Millenium Copyright Act* — qui n'emporte pas dérogation aux obligations liées à la convention de Berne pour la protection des œuvres littéraires et artistiques.

... à l'OMC...

Parallèlement aux négociations placées sous l'égide de l'OMPI, le GATT (créé en 1947), qui deviendra l'OMC, ne s'empare des questions de propriété intellectuelle que tardivement, dans les années 1990. Le domaine était déjà bien réglementé au niveau des instances internationales. Pourtant, plusieurs facteurs vont pousser cette organisation à s'intéresser à ce champ. La simplicité du règlement issu de la convention de Berne — un pays, une voix — n'était pas exempte de difficultés potentielles, des pays pouvant former des coalitions pour faire passer de nouvelles dispositions. C'est le risque d'émergence d'un rapport de forces qui pouvait leur être défavorable qui a conduit les États-Unis à tenter, autant que faire se peut, de déplacer le lieu de la négociation du côté de l'OMC [Lewinski, 2003] : dès 1981, afin de renforcer la position des firmes américaines en matière de nouvelles technologies, les États-Unis obtiennent l'ouverture d'une *task force* au sein du GATT sur les questions de propriété intellectuelle ; à partir de 1984, le pays met en œuvre toute une série de négociations bilatérales avec des partenaires dont il juge la législation sur la propriété intellectuelle inappropriée et parvient, en menaçant d'infliger des sanctions aux nations en voie de développement, à les convaincre de se ranger à leur position. Cette stratégie conduit *in fine* à faire passer l'accord TRIPS (*Trade Related Aspects of Intellectual Property Rights*, ou ADPIC, Accord sur les aspects des droits de propriété intellectuelle) en 1994. Cet accord entérine une entrée en force de la propriété intellectuelle (entendue au sens large : copyright, propriété industrielle et droit d'auteur) dans le champ de compétence de l'OMC. Pour Isabelle de Lamberterie [1998], l'intérêt de l'OMC tenait aussi à la prise de conscience de ce que la propriété intellectuelle ne devait plus être abordée isolément, mais qu'elle devait désormais être traitée en liaison avec le commerce de biens et de services en général. À partir de 1998, l'essentiel des débats portera sur la question des brevets sur les médicaments.

Les règles de l'OMC interdisent les adhésions « à la carte » : les règles s'appliquent à tous sous la forme d'un engagement unique. Les États promettent en tout état de cause de mettre en œuvre, au minimum, les protections prévues dans le traité. Ils ont la possibilité d'étendre ces obligations. L'accord ADPIC incorpore les conventions existantes. Si d'autres traités multilatéraux sont conclus sous les auspices d'autres organisations, les membres peuvent les intégrer dans les accords ADPIC, dès lors qu'il y a consensus en faveur de cette intégration ; c'est ainsi que la convention internationale sur la protection des artistes interprètes, des producteurs de phonogrammes et des organismes de radiodiffusion (convention de Rome), bien que placée sous les auspices de l'OMPI, de l'Unesco et de l'Organisation internationale du travail, n'a pas pu être reprise en raison de l'opposition des pays anglo-saxons [Tran Wasescha, 2005].

... et à la Commission européenne

De son côté, la Commission européenne a maintes fois regretté la propension de certains pays à contrevenir aux DPI, pointant les comportements de la Chine, du Chili, de la Russie, de la Turquie et de l'Ukraine, pour l'essentiel en matière de contrefaçons de marques. Elle reconnaît la propriété littéraire comme un secteur à part entière avec le traité de Maastricht (art. 151 CE, 1992) et élabore des directives sur les droits d'auteur et droits voisins (en 1994, 1995, 1998, 2001) qui ont vocation à être adaptées et adoptées dans les différents États membres. En 2001, le Parlement européen adopte une directive destinée à mettre en œuvre une harmonisation des législations nationales des États membres sur le droit d'auteur et les droits voisins, compte tenu des évolutions technologiques et des pratiques nouvelles. L'objectif est clairement identifié : créer des conditions favorables à l'existence d'un marché intérieur pour les nouveaux produits et services, stimuler le marché bien plus que défendre le droit des auteurs. En ce sens, on peut avancer que le droit communautaire emboîte le pas de l'OMC. Le droit d'auteur se conjugue désormais selon une triple partition, nationale, européenne, et mondiale ; au risque que le changement d'échelle dans le cadre élargi des instances de négociations internationales conduise également à des changements de contenus.

Le périmètre des exceptions et des limitations

Outre la durée des droits, il existe un certain nombre de limitations au droit d'auteur définies aux niveaux national et international.

Le cadre international des exceptions

Le droit international ne détermine pas de socle minimal en matière d'exceptions mais fournit un cadre général en exigeant que celles-ci répondent au « test des trois étapes » envisagé par différents textes : convention de Berne dès 1971, accord ADPIC de 1994, traités OMPI de 1996, directive européenne du 22 mai 2001. L'existence d'exceptions ou de limitations aux droits exclusifs doit respecter trois conditions : « Les membres restreindront les limitations des droits exclusifs ou exceptions à ces droits à certains cas spéciaux (1) qui ne portent pas atteinte à l'exploitation normale de l'œuvre (2) ni ne causent un préjudice injustifié aux intérêts légitimes du détenteur du droit (3). » Ce test constitue un « garde-fou » que les *États* doivent prendre en compte dans l'élaboration de leur législation relative aux exceptions. Une approche économique restrictive préside à la définition des exceptions dans ce triple test : elles se justifient par des impossibilités plutôt que de manière positive, laissant de nombreuses zones d'ombre en suspens. C'est donc au juge d'en apprécier l'application. En France, un arrêt de la Cour de cassation rendu le 28 février 2006 (affaire *Mulholland Drive*) met en œuvre explicitement pour la première fois le test des trois étapes en droit interne et l'utilise pour écarter l'exception pour copie privée.

La directive européenne sur les droits d'auteur dans la société d'information, adoptée le 22 mai 2001, n'est pas parvenue à harmoniser les dispositifs nationaux, malgré son ambition initiale, les États ayant souhaité conserver les spécificités de leurs législations nationales. Elle a toutefois retenu une liste « fermée » et exhaustive d'exceptions, de sorte qu'aucun législateur national ne peut en reconnaître d'autres. Elles sont toutes facultatives, hormis celle qui concerne les copies techniques intermédiaires, c'est-à-dire les reproductions provisoires, transitoires ou accessoires faisant partie intégrante et essentielle d'un processus technique et qui ne doivent pas, en elles-mêmes, avoir de valeur économique. Le principe de l'exception pour copie privée est appliqué dans la quasi-totalité des États européens. L'Allemagne a choisi de prendre en compte des exceptions à visée sociale en matière de recherche et d'enseignement. Ces exceptions ne concernent en Autriche que les établissements à but non lucratif. Quant au Royaume-Uni, il ne retient aucune des exceptions facultatives. L'ampleur et la nature des exceptions, variables dans le temps et dans l'espace, expriment la philosophie générale de chaque loi. Derrière la grande diversité des applications subsiste une réalité, celle des limites auxquelles le monopole juridique que confère le droit d'auteur doit faire face, et qui constituent une différence notable avec des droits de propriété plus « classiques ».

L'analyse économique du fair use

L'analyse économique des exceptions s'est concentrée sur la notion de *fair use* (usage loyal). Cette limitation au monopole du titulaire, dominante aux États-Unis, est appréciée *ex post* par décisions des tribunaux. Le *fair use* permet à un usager d'exiger l'accès à l'œuvre et à sa reproduction malgré l'opposition de l'auteur ou son absence d'autorisation, sans lui verser une quelconque rémunération. Lors de son adoption par le Congrès américain en 1976, furent spécifiés quatre éléments qu'il fallait évaluer afin de vérifier si le *fair use* pouvait être invoqué : usage de l'œuvre (commercial ou non), nature de l'œuvre originale, proportion de l'œuvre originale qui est copiée, effet de la copie sur le marché potentiel et valeur de l'original.

Au cœur de l'analyse du *fair use*, on retrouve l'approche en termes de coûts de transaction [Bell, 1998 ; Gordon, 1982] : le *fair use* est interprété comme une restriction au droit, imposée lorsque les coûts de transaction correspondant à une utilisation (coûts de la négociation bilatérale qu'il faudrait entreprendre chaque fois que l'on souhaite citer ou parodier une œuvre existante et sous protection, coûts de l'identification des ayants droit) sont prohibitifs, c'est-à-dire lorsque les bénéfices escomptés d'une utilisation payante sont inférieurs aux coûts de la négociation ou impliquent une gestion trop coûteuse. Le *fair use* est également justifié lorsque, même en l'absence de coûts de transaction, le bénéfice social d'une utilisation l'emporte sur la perte du titulaire, selon une idée classique de maximisation du bien-être social [Goldstein, 2001].

En termes économiques, le *fair use* n'est légitime que sous certaines conditions [Landes et Posner, 1989]. La première est l'existence de défaillances de marché. La deuxième a trait à l'efficience de la règle de droit : il faut qu'il y ait accroissement net de valeur par rapport à une situation de marché où l'usage du bien sous copyright serait soumis à paiement. Sous un voile d'ignorance, les auteurs sont supposés préférer une règle qui autorise librement les usages productifs d'une œuvre, car cela permet d'emprunter quelques éléments et de réduire les coûts d'expression, tout en laissant les revenus espérés identiques puisque l'emprunt peut être réciproque. En revanche, le *fair use* est illégitime dans le cas du spectacle vivant, car les bénéfices attendus du copyright excèdent les coûts transactionnels qui lui sont associés. Le troisième argument en faveur du *fair use* concerne l'équilibre entre incitation et diffusion : il permet des usages honnêtes de l'œuvre en vue de la production d'autres œuvres et/ou à des fins de diffusion. Dans ce cas, l'utilisation gratuite est autorisée afin de ne pas paralyser certaines utilisations. Au-delà de ces conditions générales, la définition naturellement approximative du *fair use* conduit à des incertitudes et à des interprétations divergentes, voire à des incohérences de jurisprudence [Einhorn, 2004].

Le cas français

En France, contrairement aux États-Unis, les exceptions sont définies de manière exhaustive par le code de la propriété intellectuelle, ce qui présente à la fois moins de souplesse mais également moins d'ambiguïtés sur ce que seront les usages tolérés ou non par les tribunaux. Les exceptions concernent les représentations privées et gratuites effectuées exclusivement dans un cercle de famille, les reproductions strictement réservées à l'usage privé du copiste et non destinées à une utilisation collective. C'est le domaine dit de la « copie privée ». La parodie, le pastiche et la caricature, les courtes citations « justifiées par le caractère critique, polémique, pédagogique, scientifique ou d'information de l'œuvre à laquelle elles sont incorporées » sont également tolérés. Le droit français reconnaît le droit de citation essentiellement pour la production littéraire mais la jurisprudence, bien qu'indéterminée, l'exclut quasiment pour la musique, les arts plastiques et l'image. Néanmoins, une décision de justice a accordé la possibilité de citer brièvement la reproduction d'un tableau dans un journal télévisé, dans la mesure où cette citation avait une vocation informative (TGI de Paris, 23 février 1999). Quant à la citation audiovisuelle, elle n'est pas véritablement reconnue. Le problème devrait apparaître plus fréquemment avec la banalisation des technologies permettant à tout individu d'intégrer des citations d'images animées dans des documents numériques. On en trouve une manifestation avec les procès qui se sont ouverts en 2006 au sujet de l'utilisation d'images animées protégées dans des vidéos que des individus avaient apportées sur le site de partage YouTube.

La loi promulguée le 1er août 2006 a retenu plusieurs exceptions facultatives. Celles qui concernent l'adaptation d'œuvres destinées aux personnes handicapées et les organismes gérant le dépôt légal ont été facilement négociées. Trois autres exceptions ont été adoptées après de vifs débats : celle en faveur des actes de reproduction spécifiques effectués par les bibliothèques accessibles au public, les musées et les services d'archives, celle prévue en cas de reproduction par voie de presse, partielle ou totale, d'une œuvre d'art graphique, plastique ou architecturale dans un but exclusif d'information, et l'« exception pédagogique », qui sera appliquée à compter du 1er janvier 2009. Cette dernière est destinée à permettre aux enseignants d'utiliser et de diffuser, suivant des conditions strictement définies, en contrepartie du versement d'une rémunération négociée sur une base forfaitaire, des extraits d'œuvres sans autorisation des ayants droit. Les œuvres conçues à des fins pédagogiques ainsi que les œuvres réalisées pour une édition numérique de l'écrit (CD-Rom, œuvres destinées à être exploitées en ligne, bases de données, etc.) ne sont pas concernées par cette exception.

Du droit exclusif aux véritables exceptions : la gamme des possibles et leur interprétation économique

Guido Calabresi et Douglas Melamed [1972] distinguent, dans une contribution importante à l'analyse économique du droit, trois catégories de droits, qui permettent de mieux comprendre les diverses formes de limitations. Les *property rules* confèrent des droits absolus grâce auxquels leur titulaire peut empêcher l'usage de son bien et négocier sur le marché l'autorisation de cet usage ou la compensation d'un préjudice éventuel. Les *liability rules* sont des règles de responsabilité qui permettent à leur titulaire de bénéficier de dommages et intérêts pour compenser le préjudice subi lors de l'utilisation d'un actif. Contrairement au cas précédent, le bénéficiaire n'a pas l'exclusivité de cet usage. Son indemnisation n'est pas négociée de façon volontaire sur le marché mais de manière non volontaire lors d'une procédure judiciaire ou administrative qui se déroule *ex post*. Les *inalienability rules*, enfin, correspondent à des situations dans lesquelles la ressource n'est pas aliénable, négociable sur le marché, même en présence d'un consentement du titulaire et d'un acquéreur potentiel (tels certains droits constitutionnels comme le droit de vote aux États-Unis).

On peut appliquer cette typologie au domaine de la propriété intellectuelle en considérant que les droits d'auteur « classiques » sont des règles de propriété cessibles qui garantissent l'exclusivité d'un usage, tandis que les licences non volontaires où l'auteur perd son exclusivité d'exploitation mais pas son droit à rémunération sont des règles de responsabilité [Strowel, 1993]. Le droit d'auteur s'exerce en effet sous forme exclusive ou sous forme amputée à travers des licences non volontaires qui donnent uniquement des droits à rémunération. Les titulaires doivent obligatoirement céder leurs droits en contrepartie d'une rémunération versée par l'utilisateur au titulaire ou à son représentant (qui peut être une société de gestion collective à laquelle il est obligatoire d'adhérer) pour un montant fixé légalement (licence légale) ou contractuellement entre les parties (licence obligatoire). Les exceptions peuvent quant à elles être considérées comme des inaliénabilités [Dusollier, 2005] qui remettent en question le principe même du droit d'auteur. Dans ce cas, le titulaire ne peut ni s'opposer à un usage ni recevoir une rémunération.

Bernt Hugenholtz [1997] compare les limitations et exceptions au droit d'auteur aux créatures d'un zoo et laisse apparaître leur extrême variété. En nous inspirant de ces analyses, nous retenons une triple justification aux exceptions. La première renvoie aux défaillances de marché : il est inutile (pertes économiques non significatives) ou impossible (coûts de transaction trop élevés) de contrôler tous les usages. La deuxième correspond à la satisfaction d'intérêts catégoriels jugés importants (handicapés, industrie informatique pour la décompilation, journalistes). La dernière traduit l'intérêt général de la société (favoriser la liberté d'expression, l'esprit critique, l'accès aux œuvres en faveur de l'enseignement et de la recherche). Les exceptions doivent permettre une diffusion optimale des idées, telle que l'incitation à la création ne soit pas forte au point d'assécher la diffusion.

Les exceptions peuvent être « compensées », c'est-à-dire donner lieu à une rémunération forfaitaire (la copie privée en France depuis 1985), mais elles ne le sont pas obligatoirement. En pratique, les exceptions non compensées (parodie, courte citation) sont de plus en plus rares. L'exception à des fins pédagogiques, introduite dans la loi du 1er août 2006, est compensée. Les législations internationales prévoient une compensation obligatoire dans certains cas, et le test des trois étapes donne à tout ayant droit la possibilité d'obtenir une compensation en se prévalant du préjudice subi. L'éventuelle mise en œuvre de véritables exceptions (sans rémunération ni compensation) devient donc un exercice de plus en plus périlleux pour le législateur [Farchy, 2006]. Il s'agit pourtant de prendre en compte, outre l'impact économique de l'exception, son effet sur l'équilibre entre intérêts privés, mais aussi sur l'intérêt général de la collectivité.

III / La mise en œuvre du droit d'auteur

En France, quatre textes organisent la législation moderne du droit d'auteur. La loi de 1957 sur la propriété littéraire et artistique opère une codification de la jurisprudence développée pendant un siècle et demi. La loi de 1985 introduit la notion de droits voisins. Le code de la propriété intellectuelle regroupe en 1992 la plupart des lois régissant la propriété industrielle, commerciale, littéraire et artistique. La loi du 1er août 2006, enfin, adapte le droit d'auteur à la société de l'information.

La définition du champ d'application

Le champ d'application du droit d'auteur est mieux spécifié que celui du brevet [Besen et Raskind, 1991], bien qu'il ait été soumis à un élargissement régulier depuis sa première apparition. Au Royaume-Uni par exemple, le domaine d'application du copyright s'étend dès 1734 avec l'*Engraving Copyright Act*, en 1814 avec le *Sculpture Copyright Act*, en 1833 lors de l'adoption du *Dramatic Copyright Act*, et enfin en 1862 avec le *Fine Arts Copyright Act*. Cette tendance à l'élargissement procède dans tous les pays, à des rythmes distincts, d'un double mouvement : d'un côté, la place reconnue à la création ne cesse de s'accroître, tandis que, de l'autre côté, les nouvelles technologies offrent des possibilités sans cesse accrues de diffusion des œuvres. Certaines extensions vont de soi : le traducteur est l'auteur d'une œuvre dérivée, même lorsqu'il traduit une œuvre tombée dans le domaine public, tant le passage d'une langue à une autre requiert de subtilité. En revanche, la variété des œuvres

Quelques catégories de référence du droit d'auteur

Qu'est-ce qu'un auteur ? La réponse semble simple et pourtant la notion est plastique : ses déplacements coïncident avec les évolutions de la définition des œuvres protégeables, elle-même laissée *in fine* à l'appréciation des juges. Les œuvres doivent être fixées matériellement et originales. Leur(s) auteur(s) doi(ven)t être identifiable(s) ; elles doivent être l'expression de leur personnalité. Il convient donc de distinguer les œuvres de leur matérialisation. C'est ainsi qu'un artiste qui aurait vendu un de ses tableaux continue de disposer d'un droit sur l'exploitation de son œuvre (édition de cartes postales par exemple), alors qu'il perd tout droit de regard sur d'éventuelles reventes de la même œuvre. Quant aux idées, aux méthodes, elles constituent un fonds commun de l'humanité ; elles ne sauraient faire l'objet d'une appropriation privée et n'ont pas vocation à être protégées.

La question de la titularité des droits se pose tout particulièrement dans le cas des œuvres de collaboration : il s'agit alors d'identifier les auteurs ainsi que leur apport respectif. Dans l'audiovisuel, plusieurs professions sont considérées comme relevant de la création ; le scénariste, l'auteur de l'adaptation, du texte parlé et des compositions musicales sont des « auteurs », rémunérés comme tels, tandis que le réalisateur est considéré tout à la fois comme un salarié (et touche à ce titre un « salaire technicien ») et un auteur (susceptible de toucher des droits proportionnels aux recettes). Plus généralement, l'environnement législatif crée des incitations à traiter en auteurs un certain nombre d'intervenants, les charges sociales étant moindres dans le cas de l'auteur que dans celui du salarié. La définition même de l'auteur tend donc à varier de la sorte sous l'effet des textes qui président à la protection sociale !

potentiellement ou effectivement protégées relève d'un inventaire à la Prévert, qui rassemble livres, anthologies, illustrations, compositions musicales et cinématographiques, mais aussi « les sermons, les numéros et tours de cirque, les pantomimes, les cartes géographiques, les logiciels — ou encore les délicieusement surannées créations des industries saisonnières de l'habillement et de la parure » [Pierrat, 2006]. Il faudrait ajouter les mises en scène, les listes des meilleurs vins, la sonorité d'un orgue, l'éclairage de l'Arche de la Défense et le cri de Tarzan. L'extension du domaine d'application de la propriété intellectuelle est pourtant l'objet de débats récurrents, et Jean-Pierre Jeancolas *et al.* [1996] rappellent les hésitations qui furent celles des tribunaux à se prononcer sur l'extension du droit d'auteur au cinématographe et sur l'identification de ceux à qui devait être reconnu le statut d'« auteur » du film.

La loi de 1985 a permis à toute une séric d'agents, artistes-interprètes, producteurs de phonogrammes et de vidéogrammes et entreprises de communication audiovisuelle, de s'arrimer au droit d'auteur. La disposition résulte de la reconnaissance du fait que leur activité est liée à l'exploitation des œuvres littéraires et artistiques : ce sont en effet des auxiliaires de la création. Leur sont attribués des droits voisins qui leur permettent de jouir d'un droit exclusif d'autoriser ou d'interdire l'utilisation et l'exploitation de leur prestation et d'en percevoir une rémunération. La durée de protection des droits voisins est de cinquante ans à partir de l'interprétation de l'œuvre, de la première fixation du phonogramme ou du vidéogramme, ou de la première communication au public des programmes. Aux États-Unis, les artistes du spectacle vivant disposent de même d'un droit de contrôler la fixation, la transmission et la distribution de leurs spectacles. L'analyse économique justifie les droits voisins par le rôle de l'interprétation pour le succès de l'œuvre : si une nouvelle interprétation permet à une composition musicale de recevoir les faveurs du public, le compositeur est gagnant sans qu'il ne lui en coûte, et sa position est analogue à celle d'un passager clandestin [Towse, 2006]. Un interprète a donc intérêt à passer commande d'œuvres nouvelles, afin de détenir l'ensemble des droits de propriété sur l'œuvre interprétée.

Trois catégories de droits patrimoniaux sont distinguées : droit de reproduction, de représentation et droit de suite. Le droit de reproduction se traduit par un pourcentage touché par l'auteur sur le prix de vente d'un livre, d'un disque ou d'un vidéogramme. Le droit de représentation assure à l'auteur un pourcentage sur la recette d'un spectacle vivant ou audiovisuel (cinéma et télévision). Le droit de suite est un droit de créance qui s'exerce à l'occasion de l'aliénation d'une œuvre d'art.

L'œuvre d'art en droit d'auteur. Le droit créateur d'incertitude ?

Pour être protégée par le droit d'auteur, l'œuvre d'art (dessins, peintures, créations architecturales, sculptures, gravures, lithographies) doit recevoir la qualification d'« œuvre de l'esprit ». Elle doit être matérialisée. Lorsque les artistes Christo et Jeanne-Claude voulurent protéger l'idée d'emballer des monuments ou des jardins, ils se heurtèrent au refus de la justice ; en revanche, ils gagnèrent le procès par lequel ils entendaient s'opposer à la reproduction d'un de leurs « emballages » (en l'occurrence, celui du pont Neuf à Paris). Le droit protège l'image de l'emballage, mais pas le concept qui s'y rapporte. Cette distinction entre l'œuvre et sa matérialisation fait question avec les évolutions de la création artistique. L'art actuel combine tout à la fois une certaine dématérialisation et des formes de dépersonnalisation. Nadia Walvarens [2005] analyse ces évolutions, des *ready-made* de Marcel Duchamp aux installations et happenings d'Yves Klein ou de Sol Le Witt, ou aux œuvres d'art créées sur le web par Peter Halley, qui conduisent nombre d'artistes à revendiquer la prééminence de l'idée sur la réalisation de l'œuvre, l'importance de l'interaction de l'œuvre avec son environnement, l'introduction de l'aléatoire dans le processus d'élaboration. Ces approches mettent en question la robustesse du droit d'auteur dans le champ de la création artistique : « Art conceptuel et *ready-mades*, entre autres, sont relégués dans une zone de non-droit » [2005, p. 241].

Les ambiguïtés des termes de la loi se retrouvent dans la jurisprudence, disparate et même incohérente : jusqu'à quel point est-il possible de juger de l'empreinte de la personnalité de l'auteur ou de la réalité de l'originalité d'une œuvre ? Une copie d'une œuvre d'art porte-t-elle cette empreinte dès lors qu'elle est faite à la main ? Pour les œuvres écrites, dans un arrêt devenu célèbre, la Cour de cassation définit l'originalité par la « marque de l'apport intellectuel de l'auteur » (arrêt Pachot, 7 mars 1986). Mais les cas litigieux sont légion, en particulier dans le champ des arts plastiques. Les incidences économiques de ces incertitudes juridiques s'observent sur les prix, la définition de l'originalité demeurant à l'appréciation du juge, avec les interprétations variables qui s'y attachent [Benhamou et Ginsburgh, 2006]. L'activité publicitaire, très avide de créativité, n'hésite pas à se jouer des incertitudes juridiques pour faire de certaines œuvres la matière première de campagnes publicitaires très profitables. C'est ainsi que l'artiste Gillian Wearing a pu retrouver la technique et le concept d'une de ses œuvres dans une publicité de Saatchi, lequel avait acquis l'œuvre mais pas ses droits incorporels. Le procédé était peut-être répréhensible au plan moral, mais pas au plan juridique.

Les incidences économiques du droit de suite. Un droit contre les artistes ?

Le droit de suite est un droit d'auteur. Il consiste en un prélèvement sur le prix de cession des œuvres d'art vendues en enchères publiques (ainsi que, dans certains pays comme l'Allemagne, pour les ventes entre particuliers) au profit de l'artiste ou de ses ayants droit. Il est à la charge du vendeur et peut être perçu pendant la vie de l'artiste et, dans la plupart des pays qui l'appliquent, jusqu'à soixante-dix ans après sa mort. C'est un droit incessible et insaisissable. Reconnu en France en 1920, il s'est étendu progressivement à la plupart des pays de l'Union européenne, depuis la Belgique, dès 1921, jusqu'à la Finlande en 1995. Parmi les pays qui l'ont adopté, le Venezuela, le Mexique et un seul État des États-Unis (la Californie) l'appliquent ; les autres (Brésil, Paraguay, Uruguay, Mongolie, Philippines) ne l'ont pas mis en œuvre. La perception du droit dépend du pays où se fait la vente : un artiste qui vend sa toile sur le territoire français touche un droit de suite, mais un artiste français dont les œuvres sont vendues dans un pays sans droit de suite ne perçoit aucun droit sur cette vente.

Une directive européenne propose dès 2001 une harmonisation des législations. La directive précise notamment que le droit de suite s'applique aux œuvres d'art originales graphiques et plastiques (hors manuscrits), sur les actes de revente dans lesquels interviennent les professionnels du marché de l'art (salles de ventes, galeries). Certains pays le mettent en œuvre pour les manuscrits et les œuvres d'art appliqué. Les œuvres doivent être originales et leur prix doit dépasser un seuil variable (de 15 à 1 800 euros selon les pays). Le taux est dégressif, de 4 ou 5 % du prix lorsque celui-ci est inférieur à 50 000 euros, jusqu'à 0,25 % quand le prix est supérieur à 500 000 euros. Par dérogation, les États qui n'appliquent pas le droit de suite à la date d'entrée en vigueur de la directive ne sont pas tenus, pendant une période n'allant pas au-delà du 1er janvier 2010, de l'appliquer au profit des ayants droit des artistes décédés. Ils peuvent disposer d'un délai supplémentaire d'un maximum de deux ans (celui qui a été accordé au Royaume-Uni s'achève en 2007).

On retrouve avec le droit de suite les débats traditionnels sur le bien-fondé des réglementations sur le marché de l'art, accusées de constituer un frein au développement de marchés dynamiques dans les pays qui l'appliquent. Tout un courant d'analyse regrette que ce droit accentue les fortes inégalités de rémunérations caractéristiques de ce marché. L'essentiel des droits versés va en effet à quelques artistes ou à leurs ayants droit, tandis que l'immense majorité ne touche rien ou presque [Kancel et Raymond, 2004]. Le droit de suite crée une ligne de clivage entre les artistes connus et les autres, qui sont plus qu'incertains de toucher des royalties sur la revente de leurs œuvres. Mais c'est là une caractéristique qui résulte de la nature même de ce droit, destiné à associer l'artiste au devenir commercial de son œuvre. La deuxième critique met en évidence les coûts de transaction liés à l'application de ce droit. La troisième souligne les effets de délocalisation produits par les différentiels de législations au niveau international. En effet, il est parfois moins coûteux pour le vendeur de déplacer l'œuvre vers un pays exempté du droit de suite que de la vendre dans un pays qui l'applique. Sur le second marché, les ventes des œuvres les plus chères vont donc se localiser dans les pays exemptés, le droit de suite ayant un effet dépressif significatif sur les prix du second marché [Benhamou et de Vrièse, 2006]. La quatrième critique porte sur les incidences du droit de suite sur la demande : dès lors qu'il est reporté par anticipation sur le prix, il réduit le volume des ventes et donc le revenu de l'artiste [Ginsburg, 2005]. Nombre de travaux concluent de même que le droit de suite joue un rôle désincitatif auprès des intermédiaires du marché, moins enclins à l'effort parce qu'ils ne peuvent récupérer la valeur totale de leurs dépenses lors des reventes. À l'inverse, le droit de suite incite l'artiste à produire des œuvres de qualité et à se faire connaître : s'il vend ses toiles à un prix plus faible sur le premier marché, il compense ultérieurement ce manque à gagner par la perception de droits sur la revente de ses œuvres [Rushton, 2001]. Devant le caractère très incertain des effets du droit de suite, certains travaux explorent des alternatives, comme un prélèvement sur les droits d'entrée dans les expositions, redistribué ensuite aux artistes, qui serait le pendant, sur le marché de l'art, des rémunérations versées aux auteurs d'œuvres dramatiques ou musicales [Hansmann et Santilli, 1997].

La variété des contrats de cession de droits d'auteur

Le processus de production implique généralement qu'à une étape variable selon les supports et les pratiques en cours, l'auteur cède ses droits à un éditeur ou à un producteur, qui se charge de l'exploitation de l'œuvre. En France, l'auteur personne physique, titulaire de droits, peut en céder l'exploitation. Dans l'audiovisuel, cette cession au profit du producteur est même présumée. La cession de droits d'auteur ne doit pas être confondue avec le fait que les producteurs d'œuvres audiovisuelles sont depuis 1985 *titulaires* de droits voisins.

Le contrat constitue un compromis entre des intérêts en tension. D'un côté, l'éditeur acquiert les droits en échange de sa fonction de diffusion de l'œuvre, fonction que l'auteur ne saurait assumer seul. Mais l'éditeur se trouve alors dans une relation de « principal à agent » avec l'auteur, les deux parties ne poursuivant pas tout à fait les mêmes objectifs (les profits pour l'éditeur, et la notoriété et le volume des ventes pour l'auteur). Qu'entend-on par une situation de principal agent et quelles en sont les incidences ? Dans un modèle de principal agent, le principal délègue une tâche à un agent et il est amené en retour, parce qu'il ne maîtrise pas l'information, à assumer des dépenses de contrôle. Le contrat d'auteur est en effet signé dans une situation d'asymétrie informationnelle, l'éditeur ignorant *ex ante* la qualité du produit final, et l'auteur ignorant l'effort qui sera consenti en matière de diffusion. Le rôle du droit est de réduire les coûts liés au contrat, d'inciter les parties à faire des choix efficients et de limiter les risques de comportements opportunistes (c'est-à-dire de comportements tendant à changer unilatéralement les conditions du contrat en jouant sur l'impossibilité de contrôle qui pèse sur le principal).

La loi française impose que les contrats incluent une rémunération proportionnelle aux recettes. Dans les faits, les contrats prévoient fréquemment une rémunération en deux parties : la première, fixe, est considérée comme une avance sur les recettes à venir, tandis que la seconde est proportionnelle aux recettes provenant de la vente ou de l'exploitation de l'œuvre. Les contrats stipulent de surcroît la durée de cession des droits, son ampleur géographique, son champ (couvre-t-elle les exploitations dérivées et secondaires ?). La part des recettes négociées au titre des droits d'auteur est souvent faible et les sommes dues sont rarement supérieures à l'avance initialement consentie, de sorte que le droit d'auteur, proportionnel au succès aux termes de la loi et du contrat dûment signé avec les producteurs ou les éditeurs, consiste en nombre de cas en un simple versement forfaitaire.

La théorie économique du contrat enseigne que l'agent ayant de l'aversion pour le risque négocie une somme fixe plus élevée et un pourcentage des recettes plus faible, tandis qu'à l'inverse l'agent preneur de risque aura tendance à accepter un contrat

Contrat et partage du risque entre auteurs et producteurs

Un contrat de cession de droits d'auteur entérine un partage du risque entre deux parties inégalement averses au risque. Alonso et Watt modélisent les différentes structures de contrats possibles, associant deux catégories de paiements, le montant forfaitaire et les paiements résultant de l'application du principe de proportionnalité.

Pour simplifier le modèle, on introduit l'hypothèse que les ventes totales peuvent prendre deux valeurs x_1 et x_2, avec une probabilité respective égale à $(1 - p)$ et p. On note la fonction d'utilité du créateur $u_c(x)$ et la fonction d'utilité du producteur/distributeur $u_d(x)$. Les fonctions d'utilité de l'auteur et de l'éditeur sont strictement croissantes et concaves : les deux parties préfèrent gagner plus que moins et ont de l'aversion pour le risque. Le partage s'effectue de telle sorte que le créateur reçoit des droits d'un montant $k(x)$, et l'éditeur/distributeur $x - k(x)$, sachant que k prendra deux valeurs possibles $k_1\ (x_1)$ et $k_2\ (x_2)$. La somme forfaitaire éventuellement concédée est analysée comme une avance sur les droits à venir.

Les deux parties cherchent à maximiser leurs fonctions d'utilité espérée :

$$Eu_j\,(z^j) = pu_j\,(z_1^j) + (1 - p)\,u_j\,(z_2^j) \text{ pour } j = c,d.$$

avec $z_i^c = k_i$, $z_i^d = x_i - k_i$, pour $i = 1,2$.

Un contrat est efficient s'il n'existe pas un autre contrat qui serait légèrement préféré par les deux parties ou fortement préféré par une seule d'entre elles.

Ce modèle permet à Alonso et Watt de démontrer :

— que ce contrat exclut les cas où une seule partie assume la totalité du risque ;

— qu'il existe toujours un contrat efficient qui inclut une règle de partage acceptable par les deux parties ;

— que le montant forfaitaire joue le rôle d'une assurance concédée au créateur, qui suppose que le producteur/distributeur a moins d'aversion pour le risque que le créateur ;

— que le pourcentage généralement octroyé n'étant que de 10 %, le producteur/distributeur a une marge de négociation relative élevée. L'auteur quant à lui a une nette préférence pour le présent.

Source : Alonso et Watt [2003].

avec un forfait faible et une proportion des recettes élevée. La mixité nécessaire crée un intérêt commun des deux parties sur le long terme. Dans les secteurs culturels, la notoriété joue un rôle important dans la négociation et permet le cumul d'une avance élevée, d'un taux maximal, sans compter, dans certains secteurs, les avantages annexes non négligeables (*cf.* notamment Weinstein [1998] pour le cinéma hollywoodien). Dans le secteur éditorial par exemple, les droits sont fixés en général à 8 % du prix public hors taxe jusqu'à 6 000 à 10 000 exemplaires vendus, 10 % pour des ventes allant jusqu'à 15 000 à 20 000 exemplaires, et 12 à 14 % au-delà. Les pourcentages peuvent être encore plus faibles pour des ouvrages à caractère universitaire ou scientifique.

Les modalités de gestion des droits : gestion individuelle et collective

La gestion des droits concerne la façon dont le droit d'auteur et les droits voisins sont cédés pour divers modes d'exploitation. Deux modèles coexistent : la gestion individuelle et la gestion collective. La gestion individuelle directe (entre l'utilisateur et le titulaire de droits) théoriquement envisageable est en réalité exceptionnelle ; dans la quasi-totalité des cas, comme nous venons de le voir, les auteurs ont recours à des partenaires économiques (éditeurs ou producteurs) à qui ils cèdent la gestion des droits d'exploitation de leurs œuvres ; ces derniers leur reversent des rémunérations en fonction des dispositions prévues dans le contrat de cession. Cette gestion individuelle indirecte est plus fréquente et dominante dans certains secteurs (livre). La gestion collective est exercée par des sociétés à qui l'auteur cède ses droits et qui sont chargées de négocier pour son compte les conditions d'utilisation des œuvres. La gestion collective peut être facultative ou obligatoire selon les cas. Les sociétés de gestion collective jouent un rôle d'interface en matérialisant l'intérêt commun des détenteurs de droits face aux utilisateurs. Après avoir collecté l'argent des droits auprès des utilisateurs, elles les répartissent entre leurs adhérents, ayants droit.

Aux origines des sociétés d'auteurs

La France fut un précurseur en matière d'organisation des auteurs. L'Italie lui emboîtera le pas bien plus tard, en 1882, avant que l'Allemagne, l'Espagne, la Belgique, la Grande-Bretagne et nombre de pays n'en fassent autant, de sorte que se constitue dès 1927 à Rome la Confédération internationale des auteurs et compositeurs. Fabrice Rochelandet [2003] analyse la variété des arrangements organisationnels des sociétés d'auteurs propres aux différents pays de l'Union européenne, qui vont d'une administration publique centralisée très interventionniste (Italie, Allemagne) à des structures privées en charge d'une surveillance *a minima* des pratiques contractuelles (Grèce) ; la France occupe

Droit d'auteur et spectacle vivant.
De Beaumarchais à la SACD contemporaine

La précarité de la situation des dramaturges au XVIIIe siècle les contraint à céder leurs droits aux comédiens afin que leurs œuvres puissent être jouées. Dès 1777, Caron de Beaumarchais commence à réunir les auteurs de théâtre au sein de la première société d'auteurs du monde, afin de s'opposer à l'utilisation qu'il juge abusive des œuvres des auteurs de théâtre par les sociétaires de la Comédie-Française : les œuvres étaient achetées, forfaitairement, par les comédiens, ce qui excluait toute participation en faveur des auteurs. La nouvelle société, ancêtre de la SACD, dont Beaumarchais est élu président, permet alors aux auteurs et aux compositeurs dramatiques de négocier, en en gardant le contrôle, le droit d'usage de leurs pièces dans les théâtres ; le mouvement est amorcé et ne cessera de s'amplifier. Aujourd'hui encore, à l'issue des représentations, les compagnies de théâtre doivent communiquer à la SACD leurs bordereaux de recettes. Elles sont responsables du paiement des droits d'auteur, qui, comme en d'autres domaines, se composent d'un pourcentage sur les recettes et, le cas échéant, d'un minimum garanti pour la représentation.

une position plutôt intermédiaire : toute une constellation de sociétés de perception et de répartition des droits (SPRD) (plus d'une vingtaine au total) ont la charge de la collecte et de la redistribution des droits, sous la surveillance d'une Commission composée de hauts fonctionnaires, qui rend un rapport public chaque année sur leurs comptes.

Les fondements économiques des sociétés d'auteurs.
L'analyse en termes de coûts de transaction

Les sociétés d'auteurs permettent la minimisation des coûts des transactions associées à la mise en œuvre des DPI (coûts de contrôle, de recherche, de répartition et d'application des contrats) [Merges, 1996]. Elles seules sont à même de percevoir des recettes sur des activités dispersées qui font usage d'œuvres de l'esprit [Hollander, 1984]. L'existence d'un interlocuteur unique permet de substituer à une multitude de négociations et de contractualisations individuelles une transaction bilatérale entre l'utilisateur et la société de gestion collective. Dès lors que la loi conduit à la perception et à la répartition de droits au titre de la musique diffusée dans des bals, des repas dansants, des discothèques, etc., il est impossible que chaque auteur mette en œuvre un dispositif de collecte, dont les coûts risqueraient de dépasser les recettes attendues. Une organisation collective et centralisée s'impose alors [Besen *et al.*, 1992].

Les sociétés de perception et de répartition contribuent de surcroît à la construction d'un rapport de forces nécessaire aux auteurs, s'ils veulent peser dans la négociation avec les producteurs et les éditeurs. Leur rôle est d'autant plus essentiel dans les pays où la fonction d'agents susceptibles de prendre cette négociation à leur charge est souvent inexistante. Elles constituent donc des groupes de pression et de veille, des lieux de collecte et de diffusion d'information. Elles ont de surcroît une action culturelle et sociale.

La taille de la société (mesurée par le nombre de ses adhérents) permet des économies d'échelle : les plus grandes sociétés supportent des coûts unitaires plus faibles, les investissements nécessaires à la collecte des informations, à la perception et aux versements afférents trouvant à s'amortir sur un nombre plus important d'œuvres et d'ayants droit. Ces rendements croissants d'échelle infinis contribuent à justifier l'existence de monopoles naturels ; on peut arguer de surcroît des facilités offertes, pour les auteurs, par l'unité des barèmes et par l'existence d'un seul opérateur, ainsi que des effets d'apprentissage qui se développent avec la répétition du même type d'activité de contrôle, de négociation, d'établissement de contrats de perception et de répartition.

Un des premiers travaux d'évaluation des sociétés de gestion collective concerne le secteur musical anglais [Peacock et Weir, 1975]. Les auteurs montrent que la société en charge de ces droits (la Performing Rights Society) et la BBC constituent un monopole bilatéral. La mise en évidence de la distribution très inégalitaire des royalties perçues par les auteurs (pour un survey, *cf.* Towse [2006]) ne saurait toutefois être imputée au mode de rémunération, mais à des effets d'autorenforcement de la notoriété [Benhamou, 2002].

Les montants en jeu

Chaque société d'auteurs se voit attribuer un champ de compétence en principe clairement délimité, en fonction du domaine, des catégories d'ayants droit ou/et des modes d'exploitation. Pour des raisons historiques, les liens que les auteurs entretiennent avec la gestion collective sont très différents d'un secteur à l'autre. En France, la musique fonctionne presque totalement sous forme d'une gestion collective attribuée à la Sacem. Dans le cinéma en salles, au contraire, le distributeur verse un pourcentage de ses ventes au producteur, qui reverse lui-même un pourcentage aux auteurs sans passer par des sociétés spécialisées. Dans le secteur télévisuel, les rémunérations des auteurs avant exploitation de l'œuvre relèvent de la gestion individuelle. Pour les rémunérations ultérieures, la gestion collective prend le relais : les sociétés reçoivent un pourcentage du chiffre d'affaires des diffuseurs qu'elles reversent aux auteurs. Dans l'édition de livres, l'auteur cède ses droits à l'éditeur qui lui reverse de même, directement, les sommes dues selon les termes du contrat. La gestion collective n'intervient qu'à la marge et indirectement, pour la redistribution des sommes récoltées au titre du droit de prêt en bibliothèque ou de la copie privée.

Trois sociétés de perception et de répartition interviennent pour l'exploitation du domaine littéraire et théâtral : la SACD pour les auteurs et compositeurs dramatiques, la SCAM (Société civile des auteurs multimédia) pour les auteurs d'œuvres audiovisuelles ou radiophoniques à caractère documentaire, et la Sofia qui gère notamment les droits collectifs des auteurs de l'écrit. L'Adami (Société pour l'administration des droits des artistes et musiciens, interprètes) et la Spedidam (Société de perception et de distribution des droits des artistes interprètes de la musique et de la danse) se chargent des interprètes et comédiens ; l'Angoa (Association nationale de gestion des œuvres audiovisuelles) a été créée afin de gérer les droits produits par le câble. Il faut encore compter quatre sociétés différentes pour les arts graphiques et plastiques (dont la principale est l'ADAGP-Société des auteurs dans les arts graphiques et plastiques), sept sociétés de producteurs et quatre sociétés en charge des questions de reprographie.

Les flux de droits qui transitent par les sociétés d'auteurs se sont montés à 1 219 millions d'euros en France en 2004. Il s'agit des droits primaires ou bruts, versés au cours de l'année par les premiers redevables de ces droits (organisateurs de spectacles, chaînes de télévision, radios, fabricants de supports de reproduction, discothèques, etc.). Les sociétés d'auteurs ne redistribuent pas la totalité : elles couvrent leurs charges de gestion (13 % à 20 % du total en 2004, d'après le *Rapport annuel de la Commission de contrôle des SPRD*, 2006) et affectent une partie des sommes reçues et non redistribuées, lorsque les auteurs ou leurs ayants droit n'ont pu être retrouvés, à de l'action culturelle et sociale. Les droits d'auteur représentent 74 % des perceptions totales, les droits voisins 18 %, et les droits perçus de l'étranger 8 %. En 2005, les perceptions de la Sacem, qui, avec ses 115 000 sociétaires, est la plus importante des sociétés d'auteurs en France, se sont montées à 757,4 millions d'euros.

Comment la répartition s'effectue-t-elle ? D'un côté, les sociétés demandent à leurs interlocuteurs les relevés les plus détaillés possible des œuvres utilisées ; 82 % des droits répartis par la Sacem le sont sur cette base. Pour le reste, ce sont des sondages (discothèques, bals, copie privée) ou les données sur les habitudes de consommation (d'après les œuvres enregistrées sur les CD commercialisés au cours des dix dernières années, les relevés de diffusion radio et de spectacles de musique vivante) qui servent de fondement à la répartition. Les clés de répartition peuvent varier : quand une œuvre musicale est interprétée au cours d'un spectacle ou à la télévision, un tiers est versé à l'auteur, un tiers au compositeur, un tiers à l'éditeur ; lorsque la même œuvre est reproduite sur un CD, la clé de répartition est laissée au libre accord des parties. Dans le domaine télévisuel, la rémunération des auteurs est modulée en fonction de plusieurs paramètres : la catégorie de l'œuvre, le nombre des diffusions, la tranche horaire, la chaîne de première diffusion.

Les interrogations suscitées par la gestion collective

Les sociétés d'auteurs sont l'objet de critiques sous différents registres. Parce qu'elles forment une sorte de nébuleuse dont la complexité nuit à la lisibilité, leurs frontières peuvent être sujettes à négociations et conduire à des surcoûts. En France, les droits afférents à un film de cinéma relèvent de la SACD, à l'exception de la musique qui relève de la Sacem, laquelle gère les droits de représentation, tandis que c'est la SDRM qui a la charge des droits de reproduction. L'ensemble s'enrichit au fur et à mesure de l'apparition et du développement de nouveaux moyens de diffusion, ainsi que des divers accords de partenariat passés avec les homologues étrangères des sociétés d'auteurs.

Destinées à simplifier et optimiser la collecte et la redistribution des droits, les sociétés de gestion collective ont maintes fois été épinglées pour leur faible transparence et leurs coûts de fonctionnement. Certaines successions, dont l'importance permettait d'atteindre la masse critique nécessaire à l'amortissement des coûts, ont préféré quitter la gestion collective : c'est le cas notamment de la succession Picasso, de celle de Matisse ou encore de celle d'Uderzo. On rencontre ici des cas de *sélection adverse*, bien connus notamment en matière assurantielle : le fait que les tarifs doivent tenir compte aussi bien des « bons risques » que des mauvais conduit à des prix qui peuvent décourager les individus dont le comportement est prudent de s'assurer. Ne demeurent alors sur le marché de l'assurance que les « mauvais risques ». De même, on peut craindre que sortent de la gestion collective les œuvres des auteurs les plus génératrices de droits : les sociétés se verraient privées des droits dont la gestion est la plus aisée et la moins coûteuse.

Les critères qui président à la répartition sont fréquemment mis en question et la fixation des barèmes est l'objet de négociations souvent tendues. La négociation des nouveaux tarifs de la SCAM, pour les œuvres télévisuelles documentaires, fut l'objet d'un conflit tout au long de l'année 2005. Comme pour la fiction, le passage d'une œuvre d'une catégorie à une autre (série, générique, documentaire, grand reportage) change la somme finalement distribuée aux différents auteurs. Ceux-ci sont en position de négocier des rémunérations plus ou moins avantageuses : si les droits d'auteur reversés par la SACD sont partagés de gré à gré entre les coauteurs des œuvres télévisuelles, en pratique, la société applique une clé de répartition entre réalisation et texte qui tend à avantager le scénariste.

Les sociétés d'auteurs se trouvent en position dominante sous différents registres. En premier lieu, elles sont en situation de monopole dans leur relation marchande avec les utilisateurs, qui craignent de subir des tarifs plus élevés que ceux pratiqués en cas de concurrence sur un même répertoire. La disparité des tarifs et des dépenses opérationnelles entre les sociétés de gestion collective situées dans les différents États membres de l'Union européenne a été plus d'une fois pointée. Les sociétés de gestion collective sont également en situation de monopole vis-à-vis des ayants droit ; ainsi, en France, un compositeur musical est obligé, pour être représenté, d'avoir recours aux services de la Sacem et, s'il le fait, il doit lui apporter l'ensemble de ses œuvres. Plus généralement, les artistes sont confrontés à des organismes uniques, dont on peut craindre la capacité à user de leur position pour bénéficier d'avantages au détriment des sommes qu'ils ont vocation à distribuer. Ce risque est d'autant plus fort qu'il y a asymétrie informationnelle, au sens où les artistes ne disposent pas directement des informations pertinentes sur les recettes. Pareil monopole dans la gestion des droits ne va pas de soi ; au Canada, aux États-Unis, au Royaume-Uni ou encore au Japon, dans certains champs artistiques, il existe plusieurs structures de gestion collective concurrentes.

Alors que le commerce transfrontalier de marchandises et de services fondés sur le droit d'auteur et les droits voisins ne cesse de s'étendre, la gestion transfrontalière des droits fait aussi débat, notamment lorsqu'il s'agit d'apprécier le caractère licite des accords de réciprocité entre sociétés pour la couverture de territoires nationaux ; ces accords stipulent que les sociétés n'exercent leur activité que sur le territoire de l'État où elles sont installées, et donnent mandat à leurs homologues étrangères pour les représenter. Les accords de représentation réciproque permettent à chaque société d'auteurs de fonctionner à la manière d'un guichet unique : les diffuseurs peuvent en effet utiliser l'intégralité du répertoire mondial.

Droits d'auteurs et rémunération de la création : des liens distendus

Peu d'auteurs vivent de leurs droits

À quelques exceptions près, peu d'auteurs vivent de leurs droits. Toute une littérature économique s'est attelée à l'analyse des rémunérations des auteurs, artistes, créateurs, interprètes et apporte des résultats convergents sur l'importance des écarts de rémunération, dont la distribution affiche des pointes aux extrêmes. Le droit d'auteur, loin de corriger les phénomènes de star-system, tend à les renforcer, puisque les rémunérations auxquelles il donne lieu sont fonction du succès [Benhamou, 2002]. D'après les chiffres de l'Agessa (Association pour la gestion de la sécurité sociale des auteurs), en France, au cours de l'année 2000, moins de 5 % des auteurs ayant touché des droits ont perçu plus de 115 341 euros et 40 % d'entre eux ont perçu moins de 12 797 euros, soit l'équivalent du Smic [Rochelandet, 2004]. Si on trouve çà et là des exemples vertueux où l'association de l'auteur à la fortune de son œuvre a non seulement permis au créateur de toucher des revenus substantiels, mais a facilité en amont la production de nouveaux projets, le principe de proportionnalité des revenus aux recettes aboutit le plus souvent à un transfert du risque du producteur vers l'auteur peu connu du public.

Ajoutons que la rémunération de la création ne passe pas uniquement par le droit d'auteur. Une large part, variable suivant les secteurs, se joue directement dans le cadre d'une relation salariée. Un exemple : la plupart du temps, les auteurs (y compris artistiques) collaborateurs d'un jeu vidéo sont sous le régime de la création salariée et ne sont pas titulaires de droits. Enfin, de nombreuses rémunérations s'éloignent de fait des principes mêmes du droit d'auteur. La rémunération sous forme de *droit d'auteur* comporte en effet sur le plan des principes deux particularités majeures. D'une part, la rémunération est, juridiquement, obligatoirement proportionnelle aux recettes. Dans les pays anglo-saxons, la législation permet le choix entre rémunération forfaitaire et rémunération proportionnelle. D'autre part, la particularité du droit d'auteur est qu'il s'agit d'un droit exclusif d'autoriser l'exploitation d'une œuvre et non d'un simple droit à rémunération. Dans les faits, de très nombreux contrats négociés entre auteurs et producteurs se soldent *in fine* par le simple paiement d'un minimum garanti forfaitaire. De plus, dans le cas des licences légales (en France pour la radiodiffusion des phonogrammes du commerce et leur diffusion dans des lieux publics, et uniquement pour les droits voisins des producteurs et des artistes interprètes) ou d'exceptions compensées (copie privée), les titulaires se voient contraints de céder leurs droits exclusifs en contrepartie d'un simple droit à rémunération.

Tous les flux de droits d'auteurs ne profitent pas aux auteurs de l'œuvre exploitée

Si tous les auteurs ne vivent pas du droit d'auteur au sens strict, à l'inverse, tous les flux de droits d'auteurs ne profitent pas directement aux auteurs. En effet, la loi française, révisée en 1985, a tenté de mieux prendre en compte les évolutions économiques, se rapprochant ainsi du système du copyright, en opérant une distinction entre les auteurs « en chair et en os » et

La création salariée

Par création salariée, on désigne les cas hybrides où le salarié produit une œuvre de l'esprit. La création salariée met en question l'opposition traditionnelle en économie entre contrat d'emploi et contrat de services ou de louage, une opposition qui renvoie aux deux cas polaires que constituent la hiérarchie (l'internalisation) et le marché (l'achat du produit final ou du service à une entreprise indépendante ou à un travailleur indépendant) [Benhamou, 2004]. Les secteurs d'activité concernés, privés ou publics, sont la presse (journalistes, photographes travaillant pour des agences), l'audiovisuel, le spectacle vivant, la recherche et les secteurs des nouvelles technologies. La création salariée pose la question de la forme du contrat lorsque l'artiste ou le créateur devient un « travailleur de la création » (TGI Paris, 4 octobre 1988), qui produit une œuvre dans le cadre de l'entreprise. Le droit français érige en règle l'indifférence d'un contrat de travail ou d'un contrat de commande sur l'attribution des droits d'auteur : ceux-ci se rapportent à la personne et ne sauraient être transférés sur la firme. Le droit d'auteur l'emporte ainsi face au droit commun du travail. Cette conception est cohérente avec la reconnaissance des droits des auteurs « à la française », attribués aux seuls créateurs et attachés à la personne physique du créateur et non à la personne physique et plus souvent morale du producteur ou du financeur. Le contrat salarié ne peut donc évincer la reconnaissance du droit de l'auteur ; pour que l'employeur détienne les droits sur l'œuvre, il faut qu'il y ait eu cession expresse de ses droits patrimoniaux par le salarié.

La loi du 1er août 2006 constitue un changement radical pour les créations des agents publics (revues locales, brochures, etc.). Alors que ces œuvres de l'esprit étaient auparavant propriété de l'administration, la loi reconnaît la titularité du droit d'auteur à l'agent public. La collectivité devra désormais faire figurer le nom de l'auteur sur l'œuvre de l'esprit ; en revanche, la loi déroge à la reconnaissance de la possibilité de l'exercice des autres droits moraux (droit de non-communication, de retrait ou de modification), afin de ne pas donner à l'auteur un droit susceptible d'entraver le bon fonctionnement du service. La loi introduit la possibilité d'associer le fonctionnaire ou l'agent des collectivités locales aux bénéfices tirés de l'exploitation de l'œuvre, sous certaines conditions. On a là un exemple type, s'il en est encore besoin, des ajustements imparfaits auxquels mène la difficulté de concilier les contraires, salariat et reconnaissance de la propriété intellectuelle. Quant aux pays de copyright, ils rejettent la solution à la française retenue pour la création salariée. Pour Hardy [1988], la doctrine *work-for-hire*, aux termes de laquelle une création issue d'un travail salarié doit rester l'unique propriété de l'entreprise, a des fondements économiques solides. Elle se fonde sur les caractéristiques des industries créatives qui doivent conduire à confier le copyright à celui qui est en mesure de mieux en exploiter le marché.

les intermédiaires titulaires du droit (*cf. supra*), faisant de certains auxiliaires de la création des titulaires de droits voisins du droit d'auteur. Se sont surtout développés depuis quelques années des phénomènes que Valérie-Laure Benabou [2004] rassemble sous le vocable inédit de « mutualisation du droit d'auteur ». L'image d'Épinal du droit d'auteur centré sur la personne du créateur ne reflète plus que très imparfaitement sa réalité. Au-delà de la traditionnelle gestion collective, d'autres dispositions légales marquent un détachement progressif par rapport au dogme de l'indissolubilité du lien auteur-exploitation de l'œuvre.

D'un côté, la charge du droit d'auteur, lorsque la législation la désigne à l'aveugle, porte tout à la fois sur des individus qui font usage des œuvres, et sur des personnes étrangères à cet usage. Il s'agit de la mutualisation amont. L'illustration la plus probante est celle de la copie privée. Dans la musique et l'audiovisuel, la réglementation a consisté, dans la plupart des pays européens, à autoriser la copie privée (au titre d'exception au droit d'auteur) en échange d'une compensation versée aux détenteurs de droits. En France, la rémunération pour copie privée (loi de 1985), destinée à compenser les copies réalisées à l'aide de supports analogiques (cassettes vidéo ou audio), est supportée par les fabricants (ou les importateurs) de supports vierges. Les sommes recueillies au titre de cette redevance sont réparties par les sociétés d'auteurs. Le champ de la perception a été élargi aux supports numériques en 2003. Ce sont donc les utilisateurs de supports d'enregistrement vierges « non dédiés » qui supportent la redevance *in fine*, du simple fait d'une « présomption d'utilisation » d'œuvres protégées, alors que ces personnes peuvent utiliser ces supports de multiples façons.

D'un autre côté, une part des sommes recueillies au titre du droit d'auteur est redistribuée à des personnes qui ne sont pas nécessairement les créateurs de l'œuvre. Il s'agit d'une forme de solidarité en aval. Les sociétés de gestion collective ont l'obligation d'utiliser à des actions de promotion culturelle 25 % des sommes provenant de la rémunération pour copie privée, ainsi que la totalité des sommes qu'elles n'ont pu répartir (par exemple lorsque les auteurs n'ont pu être retrouvés), dans une logique qui n'est plus la simple gratification de l'auteur, mais une forme complexe de redistribution.

C'est là un double éloignement en regard de la philosophie initiale du droit d'auteur : à l'extrême, les flux de droits d'auteur sont versés en amont par une personne qui n'est pas utilisatrice de l'œuvre, et tombent en aval dans l'escarcelle d'un individu qui n'est pas le créateur. La loi du 19 juin 2003 sur le prêt public de livres en bibliothèque peut être considérée comme l'archétype d'une nouvelle philosophie de solidarité qui gagne le droit d'auteur. L'objectif est de compenser un manque à gagner pour les éditeurs et les auteurs, lié à l'importance prise par la lecture en bibliothèque. On peut cependant s'interroger sur la légitimité de ce droit, si l'on prend en considération l'effet dopant de la lecture publique sur la lecture en général, et le fait que les achats des bibliothèques, financés par l'impôt, contribuent au soutien du marché éditorial. En amont, le système repose sur une redevance payée par l'État en fonction du nombre des inscrits en bibliothèque. Les libraires versent à la Sofia (Société française des intérêts des auteurs de l'écrit) 6 % du prix des livres qu'ils ont vendus aux collectivités (écoles, bibliothèques). En aval, la Sofia répartit ces sommes (déduction faite de ses frais de gestion) entre auteurs et éditeurs de l'année, au prorata des livres vendus. Mais le droit de prêt est aussi en partie affecté à des personnes autres que les auteurs des livres empruntés : la Sofia verse une contribution au régime de retraite des écrivains et des traducteurs. Le système organise la solidarité entre auteurs « actifs » et auteurs retraités, la redevance des premiers servant à assurer les vieux jours des seconds. On aperçoit à quel point les évolutions du droit d'auteur créent un glissement entre une philosophie héritée des Lumières et une approche nouvelle, plus sociale et collective, qui tend à diluer les fondements initiaux dans les exigences supposées ou réelles des sociétés de l'information.

IV / La contestation numérique

En faisant éclater des compromis sociaux établis de longue date, Internet conduit à une remise en cause généralisée des droits d'auteur dans leurs composantes à la fois patrimoniales et morales. Les différents éléments du droit moral tels que l'envisage le système juridique français ne sont pas tous affectés de la même manière [De Broglie, 2001]. Le droit de divulgation, qui donne à l'auteur le pouvoir de décider le moment et le mode de communication de son œuvre au public, n'est pas touché ; sur le réseau comme ailleurs, l'auteur maîtrise la décision de diffuser son œuvre. De même, rien n'interdit à une œuvre numérisée d'être signée : le droit au nom et à la paternité peut donc être respecté. En revanche, le droit de repentir est plus délicat à appliquer. La densité des connexions rend irréversible le passage dans la sphère publique sur le réseau. C'est surtout le droit à l'intégrité qui se trouve affecté. La dématérialisation des supports constitue pour l'auteur une forme de désacralisation de son œuvre puisque tout utilisateur peut la manipuler comme il l'entend. La numérisation ainsi que l'interactivité sur les réseaux rendent les œuvres aisément transformables. Dans sa composante patrimoniale, la propriété intellectuelle est devenue, aux yeux de nombre d'internautes, le symbole d'une forme d'archaïsme à l'heure de la société de l'information, tandis que la plupart des auteurs et producteurs la considèrent comme une forteresse assiégée qu'il est impératif de défendre afin de préserver l'avenir de la création [Farchy, 2003]. Un nouvel équilibre reste donc à trouver entre les revendications de ceux qui veulent profiter des potentialités d'Internet pour élargir leur accès à la culture, et les aspirations légitimes des auteurs et de l'ensemble des ayants droit à une « juste » rémunération.

La culture de la gratuité

Dans les industries culturelles, Internet est essentiellement un outil permettant de renouveler les méthodes de diffusion comme l'ont été en leur temps la radio pour la musique ou la télévision pour les images. La vente en ligne de produits édités ressemble à une vente classique à distance par catalogue impliquant une logistique lourde qui n'a rien de virtuel et qui ne pose pas de problèmes économiques nouveaux. C'est à travers la forme dématérialisée de diffusion de biens comme la musique, le texte imprimé ou les films, pour laquelle Internet se révèle particulièrement bien adapté, que les modèles économiques traditionnels sont remis en question. Avec la création en 1998 du site Napster par un étudiant américain, c'est en effet toute une génération qui se prend à rêver d'une autre forme d'accès à la culture grâce à Internet, accès gratuit à un potentiel infini d'œuvres du monde entier. Ce rêve des internautes est très vite devenu le cauchemar des producteurs d'œuvres protégées par la propriété intellectuelle et, en 1999, victime de son immense succès, la société Napster est attaquée en justice pour non-respect des règles du copyright par la RIAA (Recording Industry Association of America), puissant organisme qui réunit les majors du disque. En février 2001, la cour d'appel de San Francisco donne raison à la RIAA, vidant le site de sa substance en l'astreignant à commercialiser des contenus mis jusque-là gratuitement à la disposition des internautes. En 2002, l'éditeur de logiciels Roxio devient le nouveau propriétaire des actifs et de la marque Napster et fait de l'ex-icône de l'échange gratuit un service de musique en ligne payant.

Une nouvelle donne technologique

Loin de mettre un frein aux nouvelles pratiques, la fermeture de Napster n'a fait qu'accélérer la migration de nombreux utilisateurs vers des concurrents beaucoup plus ingénieux et difficiles à contrôler parce que décentralisés. On distingue en effet plusieurs types d'architectures des réseaux. Dans l'architecture centralisée de type Napster, la gestion est entièrement assurée par un serveur central. Un ou plusieurs serveurs servent à l'indexation centralisée des répertoires. La base de données est actualisée en temps réel à chaque connexion ou déconnexion d'un membre. Les utilisateurs sont facilement identifiables, car le serveur central collecte les adresses IP pour mettre les ordinateurs en relation ; la présence d'un serveur central rend donc le réseau vulnérable aux éventuelles poursuites judiciaires. Si l'architecture est décentralisée, chaque membre installe un logiciel mi-client mi-serveur, capable de se connecter à une autre machine équipée d'un logiciel semblable. La machine sur laquelle l'internaute se connecte répond, prévient une troisième machine et ainsi de suite, de façon quasi infinie. Les réseaux que l'on désigne sous le terme *peer to peer* (P2P) ou « d'égal à égal » fonctionnent sur ce second modèle. Au sein de l'ensemble des protocoles disponibles (Fastrack, Gnutella, Edonkey...), on distingue deux modèles : ceux qui fonctionnent avec des logiciels propriétaires et ceux qui utilisent des logiciels *open source*, qui n'appartiennent pas à une société de droit privé mais à une communauté de développeurs fonctionnant selon des principes coopératifs (tel Gnutella). En général, plusieurs sites permettent d'accéder au même protocole de P2P. Le P2P constitue donc, entre des ordinateurs de puissance comparable connectés à l'Internet, un système de transmission et de partage de fichiers ainsi qu'un système de mutualisation des puissances de traitement et de capacités de stockage. Il ne peut être assimilé à un simple outil de téléchargement selon un modèle descendant de contenus préalablement proposés par un programmateur (un journal d'informations d'une chaîne de télévision par exemple).

Le P2P n'est cependant que la pointe émergée d'un iceberg technologique aux dimensions aussi incertaines que croissantes [CSPLA, 2005]. Des logiciels plus récents reprennent le principe de l'enregistrement d'émissions de radio en l'adaptant à la puissance des outils numériques. Ces logiciels permettent de capter un flux numérique audio à partir des milliers de stations de webradio diffusant sur Internet, d'isoler les phonogrammes inclus dans les programmes et de les copier sur un disque dur. L'échange de fichiers peut également se faire par voie de messagerie électronique (fichiers attachés en pièce jointe) ou par messagerie instantanée. Enfin, l'essor des blogs (sites personnalisés et interactifs des internautes) permet non seulement la mise à disposition de fichiers récupérables par le visiteur sur son ordinateur (*podcasting*), mais également de constituer des radioblogs, véritables radios personnelles qui permettent à l'internaute de demander directement à un moteur de recherche de récupérer un titre.

Des pratiques en plein essor

L'engouement pour Internet au cours des dernières années est largement lié à l'existence des réseaux P2P, qui représentent environ les deux tiers du trafic mondial en 2006. Le rythme de progression des utilisateurs de ces réseaux n'a jamais cessé de s'accroître et le cap des 10 millions d'internautes simultanément actifs sur les réseaux P2P a été atteint fin 2005. Le P2P est utilisé pour de multiples applications : jouer en ligne, organiser des visioconférences ou de la messagerie instantanée, échanger des connaissances, des photos, diffuser des contenus interactifs, faciliter le stockage massif des données, partager des documents ou des informations, mutualiser les puissances de calcul. Les applications comme la téléphonie sur Internet ou la téléphonie mobile de troisième génération (dont la vitesse accrue de transmission de données ouvre la porte à des services nouveaux) reposent, elles aussi, sur la technologie P2P.

Mais le succès des réseaux P2P doit également beaucoup à la possibilité de se procurer librement, et plus rapidement encore *via* les offres « haut débit », des contenus culturels. Le P2P permet à tous les internautes ayant préalablement installé un simple logiciel de laisser gratuitement à la disposition des autres membres de la « communauté » des fichiers présents sur leur propre disque dur. Le marché de la musique reste la figure pionnière et emblématique de ces changements, grâce aux échanges de fichiers MP3, format informatique de compression qui permet d'utiliser huit à dix fois moins de place qu'un fichier stocké sur un CD. Le cinéma et les séries télévisuelles ont été touchés plus tardivement que la musique. Cela s'explique aisément : la taille des fichiers à télécharger rend l'opération bien plus lourde que dans le cas de la musique ; la mise en ligne d'œuvres audiovisuelles repose sur un nombre réduit de personnes qui bénéficient parfois de complicités professionnelles et qui sont plus faciles à poursuivre que de simples internautes s'échangeant des fichiers musicaux ; enfin, pour les consommateurs, la portabilité de la musique est forte alors que la vision d'un film reste confinée à des lieux résidentiels (difficile de regarder un film en faisant du roller !). La diffusion peut se faire par téléchargement intégral (*downloading*) avec une qualité d'image proche de la vidéo, ou par *streaming* (en lecture seule), ce qui permet d'accéder immédiatement au film sans de longs délais d'attente, mais avec une qualité moindre d'image et de son.

On peut voir dans le « piratage » une modalité de l'appropriation de nouvelles opportunités technologiques, analogue aux pratiques qu'avaient suscitées en leur temps l'invention des photocopieuses ou celle des magnétoscopes. Daniel Kaplan [2004] interprète le piratage opéré par des millions de personnes qui n'auraient jamais eu l'idée de voler dans un magasin et qui savent cette pratique illégale et risquée comme la manifestation d'une réaction violente devant les pratiques tarifaires oligopolistiques des quatre majors mondiales du disque. Certes, il ne suffit pas qu'une pratique soit massive pour être socialement acceptable : la conduite en état d'ivresse ne peut être justifiée au motif qu'elle est largement pratiquée. Mais, à l'inverse, des pratiques sociales qui se multiplient (l'avortement lorsqu'il n'est pas autorisé dans un pays) ont à maintes reprises conduit le législateur et l'ensemble de la société à s'interroger sur le bien-fondé de la loi et sur les vertus de réactions défensives.

Des réactions défensives

Face à des pratiques qu'ils perçoivent comme une remise en question d'un système de financement efficace, les représentants des industries culturelles et les sociétés d'auteurs ont adopté, dans un premier temps, des réactions essentiellement défensives sous le triple volet informatif, technique et juridique. Des campagnes de sensibilisation et de communication ont été lancées dans de nombreux pays de manière pédagogique et parfois beaucoup plus musclée. Sur le plan technique, le filtrage de protocoles, l'analyse des contenus, le filtrage sur le poste client, etc. ont été mis en œuvre afin de tenter de réduire les échanges illicites de contenus. Des sociétés spécialisées ont été mandatées par les ayants droit pour repérer l'arrivée du premier fichier contrefait. Des techniques nouvelles (le *spoofing*) ont visé

La loi française du 1er août 2006. Recherche désespérément nouveau compromis social

La loi du 1er août 2006 relative aux droits d'auteur et aux droits voisins dans la société de l'information (DADVSI) avait initialement pour but de transposer en droit interne, comme doivent le faire l'ensemble des États membres, la directive européenne du 22 mai 2001 sur l'harmonisation du droit d'auteur et des droits voisins dans la société de l'information — connue sous le nom d'EUCD, *European Union Copyright Directive* — qui elle-même reprenait certains des principes contenus dans les traités de l'OMPI, adoptés le 20 décembre 1996. Le retard pris par la France dans le mécanisme de transposition — les travaux avaient abouti dans presque tous les autres pays — a eu pour résultat de faire apparaître la directive comme un texte déjà « décalé » par rapport à certaines réalités techniques, sociales ou économiques [Lucas et Sirinelli, 2006]. Des questions qui n'avaient pas de raison à l'époque de susciter l'intérêt des autorités communautaires (échanges de « pair à pair », interopérabilité...) sont apparues en pleine lumière à l'occasion des débats français qui se sont, par conséquent, révélés beaucoup plus houleux que prévu. Le texte qui aurait pu se contenter de transposer *a minima* la directive s'est saisi de problèmes nouveaux. Il introduit des modifications dans l'exercice du droit d'auteur par les agents de l'État, le dépôt légal ou le droit de suite et crée de nouvelles exceptions.

Sur la question spécifique du numérique, la loi a dû rompre le compromis social établi de longue date entre auteurs, investisseurs et intérêt public, sans parvenir à créer un nouvel équilibre, d'autant qu'au cours des dernières années a émergé une nouvelle revendication, celle d'un droit des utilisateurs [Ginsburg, 1999] ; imprégnée de consumérisme, cette revendication témoigne de la complexité croissante du nouveau compromis social en gestation. Ce « droit du public » ne peut être confondu avec la notion d'intérêt public au cœur des fondements du droit d'auteur. L'articulation de ce droit du public avec les mesures techniques de protection a été au cœur du débat. Seuls certains pays font appel à un médiateur pour régler les cas litigieux entre bénéficiaires de certaines exceptions et titulaires de droits (France, Portugal, Lituanie, Slovénie). La nouvelle loi française confie à une autorité administrative indépendante l'« autorité de régulation des mesures techniques », le soin de veiller tant à la garantie du bénéfice de certaines exceptions — notamment celle de copie privée — qu'à la possibilité d'une interopérabilité entre systèmes de lecture des œuvres protégées par des DRM. La solution adoptée semble correspondre à la volonté de ne pas graver dans le marbre une situation appelée à évoluer.

à polluer les réseaux P2P avec des fichiers « leurres ». À la question de l'efficacité des techniques disponibles s'ajoute celle du coût de leur application et du degré de coordination internationale requis pour que les dispositifs aient un sens. Sur le plan juridique enfin, des actions en justice ont été entreprises dans divers pays notamment aux États-Unis, qui ont d'abord concerné les internautes. En France, des dizaines de plaintes ont été déposées ; lorsque des condamnations ont été prononcées, elles n'ont jamais atteint le maximum prévu (300 000 euros d'amende et trois ans de prison) ; ces sanctions potentielles, après de nombreux revirements, ont été confirmées par la loi de 2006. L'importance des sanctions pour contrefaçon est extrêmement variable selon les pays. Depuis 2003, l'Italie prévoit une amende de 154 euros avec confiscation du matériel pour téléchargement illégal. La récidive peut mener à une sanction de 1 032 euros. Si le téléchargement est effectué dans un but lucratif, une amende d'un montant nettement plus élevé (2 500 à 15 000 euros) est associée à une peine de prison de une à quatre années. Il est possible de transiger en versant une « amende de compensation ». En revanche, l'Allemagne introduit d'éventuelles peines de prison même dans le cas de téléchargement à des fins privées.

Il est traditionnel de distinguer, pour l'analyse, les actes de téléchargement en réception (*download*) de ceux dits en émission avec mise à disposition d'un fichier de son ordinateur vers un internaute qui en fait la demande (*upload*), bien que les deux opérations soient généralement accomplies de concert par l'utilisateur et bien que les nouvelles générations de P2P partagent automatiquement les fichiers téléchargés et imposent à l'utilisateur la mise en œuvre de la fonction d'*upload*. L'*upload* constitue, en droit d'auteur, un acte de télédiffusion au sens du code de la propriété intellectuelle, mettant en œuvre le droit de représentation et, en droits voisins, un acte de communication au public. De ce fait, en l'absence d'autorisation des titulaires de droits, l'*upload* constitue un acte illicite. La situation apparaît plus complexe pour le *download*, certains juristes considérant que cette pratique entre dans le champ de l'exception pour copie privée, et d'autres qu'elle constitue un acte de contrefaçon susceptible de poursuites [CSPLA, 2005].

Cependant, la technologie du P2P n'est pas illégale en soi. L'utilité de ses applications possibles est incontestable. Il est donc nécessaire de distinguer la technique, neutre sur le plan juridique, de l'utilisation qui en est faite. De même qu'un couteau de cuisine permet de tuer son amant comme de découper la dinde de Noël, les usages du P2P peuvent être légaux comme illégaux… Ce qui pose problème, c'est l'usage de la technique afin d'échanger des contenus protégés par la propriété intellectuelle sans l'accord des ayants droit. Le débat se conjugue avec un débat de société : autant l'opportunité de la lutte contre la piraterie organisée à usage commercial ne suscite guère de polémique, autant la « piraterie » des individus, sans finalité lucrative, déchaîne les passions y compris dans le monde habituellement feutré des juristes. Outre leur portée limitée, les contentieux n'étant pas multipliables à l'infini, les attaques contre les internautes détériorent l'image des industries culturelles auprès de leur propre public. D'un côté, la mise en place d'actions antipiraterie ciblées en Europe et aux États-Unis conduit à une baisse de la fréquentation de certains réseaux P2P. D'un autre côté, le déclin de certains protocoles se traduit par des effets de migration des internautes vers d'autres protocoles, ou vers des technologies d'échange distinctes du P2P (*peer-to-mail*, messageries instantanées). Des P2P cryptés sont apparus dont le but est de garantir l'anonymat de l'utilisateur et d'en rendre la poursuite plus difficile.

L'analyse économique peut conduire à préconiser la poursuite des intermédiaires plutôt que celle des internautes qui ne font qu'utiliser des technologies nouvelles mises à leur disposition ; ces intermédiaires trouvent dans les échanges non autorisés un intérêt économique manifeste, selon une logique de « responsabilité de tierce partie ». L'applicabilité au copyright des règles de responsabilité est en effet discutée [Woodfield, 2004]. L'inconvénient principal mis en évidence par la littérature économique est d'éliminer les usages légaux associés [Landes et Litchman, 2003]. En outre, la responsabilisation de tiers se heurte à des problèmes pour les systèmes d'échanges qui ne donnent pas lieu à une exploitation marchande (cas des logiciels de P2P développés en *open source*). Plus généralement, les stratégies défensives techniques et/ou juridiques ne peuvent à elles seules permettre la résolution d'un problème qui appelle le bouleversement d'un modèle économique et la recherche d'un nouvel équilibre social [Farchy, 2004].

Responsabiliser les intermédiaires : une solution encore peu utilisée

L'engagement de la responsabilité des FAI (fournisseurs d'accès à Internet) par des mesures de filtrage peut conduire certains d'entre eux à refuser d'implémenter de tels systèmes pour accroître leur part de marché, sauf s'ils y sont contraints par les pouvoirs publics. En France, la loi du 21 juin 2004 pour la confiance dans l'économie numérique a instauré, en faveur des FAI, un régime dérogatoire au droit commun de la responsabilité civile, excluant leur soumission à une obligation générale de surveiller les informations qu'ils transmettent. Les FAI sont cependant tenus de donner suite à des injonctions judiciaires de faire cesser le trouble que constituent les échanges non autorisés de fichiers par l'intermédiaire de logiciels illicites. La loi du 1er août 2006 leur crée une charge nouvelle en prévoyant qu'ils « adressent à leurs frais, aux utilisateurs de cet accès, des messages de sensibilisation aux dangers du téléchargement et de la mise à disposition illicites pour une création artistique ».

En ce qui concerne la responsabilité des fournisseurs de logiciels, les solutions sont très variables selon les pays. Aucune poursuite n'a jamais été engagée en France contre l'un quelconque des éditeurs de logiciels, sans doute pour partie en raison de la localisation hors de l'Hexagone des sociétés concernées. Aux États-Unis, Napster a pu être condamné car il s'agissait d'un site centralisé. Pour les sites décentralisés, la jurisprudence s'inspire du raisonnement tenu il y a plus de vingt ans sur le marché des magnétoscopes. Lors du lancement des magnétoscopes en 1976, dans l'affaire Sony Corporation *versus* Universal City Studios Inc., Sony était accusé d'infraction au copyright par les studios hollywoodiens qui reprochaient aux cassettes vidéo Bétamax de permettre la réalisation de copies de programmes télévisuels. Sony (sur le banc des accusateurs dans l'affaire Napster) fut finalement acquitté en 1984. En effet, une décision de la Cour suprême a fait date en se montrant favorable à l'innovation que constituaient alors les magnétoscopes, au motif que cette nouvelle technologie n'entraînerait pas une chute des ventes, mais procurerait aux producteurs un marché secondaire très rentable, et qu'il n'était pas possible de l'interdire sous prétexte qu'une partie de ses usages était illégale : un nombre substantiel d'usages légaux (visionnage de programmes en différé) étaient également possibles. Dans le cas du P2P, les premières décisions dégageaient les fournisseurs de logiciels de toute responsabilité ; ils étaient parvenus à faire valoir que leurs programmes permettaient aussi des échanges licites et pouvaient donc relever du raisonnement tenu par la Cour suprême en 1984. L'année 2005 est marquée par un renversement jurisprudentiel [CSPLA, 2005], avec la décision de la Cour suprême (affaire Metro-Goldwyn-Mayer Studios Inc. *versus* Grokster, LTD) de condamner des personnes qui fondaient leur modèle économique sur l'incitation manifeste à la contrefaçon. Une décision rendue par la Cour australienne à la fin de l'été 2005 est allée plus loin encore dans les obligations mises à la charge des fournisseurs de logiciels P2P. Kazaa fut reconnu complice de la contrefaçon effectuée par les participants au réseau du même nom, parce que la société Sherman Networks qui l'éditait avait connaissance des infractions massives qui étaient commises sur son réseau et parce que, bien qu'ayant la possibilité d'agir pour s'opposer au trouble, elle s'était abstenue.

La remise en cause d'un modèle économique

L'incapacité des droits d'auteur à jouer leur rôle d'exclusion des contrefacteurs

Le numérique amplifie la caractéristique des industries culturelles qui justifie le recours aux droits d'auteur : une fois le contenu produit, le coût marginal de reproduction et de distribution d'une copie supplémentaire sur Internet est très faible ou nul. Deux conséquences en découlent. D'une part, l'écart entre les coûts de création du prototype et l'ensemble des autres coûts nécessaires à la mise sur le marché d'un contenu culturel se creuse. D'autre part, ce ne sont plus quelques producteurs isolés qui ont l'opportunité d'adopter des comportements de passagers clandestins, mais l'ensemble des consommateurs. L'hyperreproductibilité numérique tend à faire disparaître toute rivalité [Chantepie et Le Diberder, 2005]. Chaque consommateur peut, en copiant, disposer de sa propre unité du bien à coût nul, qualité égale ou presque, et quasiment en temps réel. Les postulats évoqués dans de nombreuses analyses économiques du copyright sur l'absence de substituabilité entre originaux et copies, ou sur le temps nécessaire à la mise d'une copie sur le marché, perdent leur fondement.

Si les technologies numériques sont sources de promesses pour l'avenir (coûts de distribution en baisse, audience accrue, offre variée, etc.) [Fisher, 2004], elles revêtent des risques pour les revenus des créateurs. Alors que les contenus culturels circulant sur les réseaux numériques acquièrent de plus en plus la caractéristique économique de non-rivalité des biens collectifs ou informationnels, les droits d'auteur, de plus en plus faciles à contourner, ne jouent plus leur rôle d'exclusion. L'accès à une œuvre est toujours possible par le biais des réseaux d'échange entre consommateurs. Or l'essence même du droit d'auteur tient en la capacité qu'il confère à son titulaire d'autoriser ou d'interdire à quiconque de reproduire l'œuvre ou la prestation protégée. Ce droit, facile à appliquer dans un environnement technique dans lequel les reproductions sont pour l'essentiel matérialisées sur un support palpable, où seuls les professionnels ont accès aux techniques de reproduction, devient plus difficile à mettre en œuvre lorsque les supports sont dématérialisés. La distinction entre le contenu intellectuel présentant les caractéristiques de bien collectif et le support matériel pouvant faire l'objet d'une appropriation privative, devient caduque. Le numérique remet en cause le système traditionnel de financement des industries culturelles qui repose sur le paiement direct par l'usager d'œuvres protégées par la propriété intellectuelle et sur des droits exclusifs d'exploitation des œuvres conférés aux titulaires.

Les effets contrastés du « copiage » sur le bien-être social

Face à l'ampleur du nombre de copies circulant sur les réseaux numériques, il est nécessaire de revenir sur la réalité des effets de substitution entre copies et originaux qui, on l'a vu, jouent un rôle décisif dans les justifications économiques de la propriété intellectuelle. Le débat sur ces effets est ancien dans la littérature économique [Plant, 1934 ; Breyer, 1970 ; Novos et Waldman, 1984]. Trois contributions importantes [Johnson, 1985 ; Liebowitz, 1985 ; Besen et Kirby, 1989] mettent l'accent sur les effets économiques des pratiques de copiage, indépendamment de l'existence d'une loi sur le copyright. Dans une logique de maximisation du bien-être social, l'objectif en matière de propriété intellectuelle est de maximiser la valeur de l'œuvre protégée, non de maximiser le niveau de la protection [Shapiro et Varian, 1998]. Le développement des réseaux P2P a été l'occasion d'un renouvellement de la littérature économique concernant les effets de la copie sur les achats d'originaux et plus généralement sur les profits des industries culturelles.

Au-delà de l'effet substitution négatif, Stanley Liebowitz [2005] identifie trois types d'effets positifs potentiels du copiage pour les titulaires de droits : l'appropriabilité indirecte, les externalités de réseau et l'effet d'exposition. Dès 1985, cet auteur développe l'idée provocante que la capacité à copier augmente la valeur que les acheteurs placent dans l'original, donc leur consentement à payer, et permet aux offreurs d'originaux de capturer, sous certaines conditions, la valeur des copies. Il distingue deux formes d'exploitation économique des contenus. L'appropriabilité est directe lorsque l'utilisateur est l'acheteur (l'œuvre est protégée par un droit de propriété ou un système technique d'exclusion). Elle est indirecte lorsque l'utilisateur ne contribue pas au financement, mais que l'offreur d'originaux peut bénéficier d'une augmentation de la demande en raison de

L'impact du P2P sur les industries culturelles : des études empiriques aux résultats divergents

La MPAA évalue les pertes engendrées par le piratage, pour l'industrie mondiale du cinéma, à quelque 18,2 milliards de dollars en 2005. Selon le Syndicat national de l'édition phonographique (SNEP), le marché mondial de la musique enregistrée a perdu, entre 2000 et 2005, 20 % de sa valeur, pour se stabiliser aux environs de 33 milliards de dollars. Les ventes mondiales auraient chuté de 3,3 % en 2005, sans que la perte du marché des supports (1,4 milliard de dollars) ait été complètement compensée par la progression des ventes numériques (700 millions de dollars). De nombreuses études académiques tentent de prendre quelque recul en matière d'évaluation des pertes subies. La plupart se sont concentrées sur le degré de corrélation entre les échanges en P2P et les ventes de CD et aboutissent à des résultats d'une grande divergence, imputable notamment à la méthodologie et aux échantillons retenus (pour un *survey*, voir Liebowitz et Watt [2006]). Certaines études reposent sur des enquêtes, d'autres sur la comparaison des données réelles de téléchargement avec les ventes de disques à l'échelle locale (une ville, un campus) ou nationale. Michael Fine [2000] dans un travail pionnier pour la RIAA, comme Alejandro Zentner [2006], concluent que l'impact du P2P sur les ventes de CD est important.

Il est beaucoup plus limité pour d'autres. Martin Peitz et Patrick Waelbroeck [2004] confirment que le téléchargement fait baisser les ventes de musique d'environ 20 % sur la période 1998-2002, mais que bien d'autres facteurs sont responsables du déclin. De manière plus radicale encore, Félix Oberholzer et Koleman Strumpf [2004] comparent un échantillon de 1,75 million de téléchargements avec les ventes hebdomadaires des 680 albums correspondants entre septembre et décembre 2002. Ils établissent qu'il faut au moins 5 000 téléchargements pour que les ventes de CD baissent d'une unité, et concluent que l'impact du piratage sur la baisse des ventes de CD est statistiquement proche de zéro. L'impact est même positif chez certaines catégories d'internautes selon d'autres études [Bounie *et al.*, 2005], en raison de l'effet *sampling*. La variabilité des résultats témoigne en tout état de cause des effets réels du piratage, mais aussi des excès de l'imputation à ce phénomène de toutes les difficultés d'une industrie qui subit les effets de la fin du cycle de vie d'un produit, le CD, lancé au début des années 1980.

la valeur produite par les copies non autorisées. Par exemple, la possibilité de copier un CD original pour l'écouter dans sa voiture augmente la demande, car le consommateur valorise cette possibilité. L'appropriabilité indirecte de cette valeur supplémentaire par le producteur d'originaux ne peut avoir lieu qu'à la condition que ce dernier puisse pratiquer une discrimination par les prix entre consommateurs. L'idée d'offrir un même bien à des prix différents aux diverses catégories d'utilisateurs selon leurs dispositions à payer afin de capturer l'ensemble du marché potentiel trouve sa source chez Harold Demsetz [1970] qui préconise la discrimination tarifaire afin de faciliter la production privée de biens collectifs.

Liebowitz prend l'exemple des éditeurs de revues. Dans les années 1970 et au début des années 1980, il était courant de photocopier des revues en bibliothèque. Les éditeurs répliquèrent en proposant des prix plus élevés aux bibliothèques qu'aux abonnés individuels, en compensation de copies futures. On note d'ailleurs que le poids des dépenses des bibliothèques en abonnements augmente alors considérablement par rapport au poids des achats de livres. Des prix élevés sont donc pratiqués pour les originaux à partir desquels de nombreuses copies seront effectuées (les bibliothèques), et des prix plus faibles pour les originaux achetés par de simples particuliers qui copient plus rarement. La valeur des copies est capturée indirectement, en l'absence de paiement direct au producteur ou au créateur original, par l'utilisateur d'une copie non autorisée. Une telle politique de discrimination par les prix n'est toutefois possible que lorsque divers groupes de consommateurs ont un consentement à payer différent pour un même bien ; elle suppose aussi qu'il est possible d'identifier, parmi les acheteurs d'originaux, ceux à partir desquels un grand nombre de copies sera effectué.

La conclusion contre-intuitive de cet article fit grand bruit. Dans le contexte actuel, elle peut laisser penser que le téléchargement remet en cause l'appropriabilité directe, en privant les auteurs et les producteurs d'une partie des revenus liée à la vente des originaux, mais que la perte subie peut être compensée par des effets d'appropriabilité indirecte. Michele Boldrin et David Levine [2004] affirment ainsi que les producteurs n'ont pas besoin de protection contre la copie et que des solutions de marché peuvent se substituer au régime de propriété intellectuelle. Dans un article de 2005, Liebowitz lui-même apparaît cependant nettement plus nuancé au sujet de la généralisation du concept : autant il était salutaire de préciser que les copies non autorisées n'avaient pas obligatoirement un impact strictement négatif sur les revenus des titulaires de droits, autant il est abusif de considérer que la copie conduit à des bénéfices. Applicable au cas spécifique des photocopies de revues au milieu des années 1980, le concept d'appropriabilité indirecte ne permet pas de conclusions générales.

La stratégie qui consiste pour les entreprises à vendre des biens et services complémentaires afin de réduire les effets négatifs de la copie peut s'interpréter comme une forme particulière d'appropriabilité indirecte. Elle se traduit par des ventes groupées [Novos et Waldman, 1984] ou par le fait d'associer au bien exposé au copiage un autre bien pouvant beaucoup plus difficilement être copié (vendre du matériel *et* des logiciels copiables même si les deux biens ne sont pas vendus lors du même achat). Le bien peut être copié, distribué gratuitement ou à perte, à partir du moment où le consommateur doit forcément l'utiliser en complément d'un matériel dont la production est rentable. L'entreprise inclut le prix du bien copié dans le prix du matériel. Dans les industries culturelles, les méthodes d'appropriation indirecte par complémentarité sont limitées, sauf en cas d'intégration verticale. Sega produisait jusque récemment des jeux vidéo et des consoles ; Sony, tout en se plaignant du piratage en tant que major du disque, fabrique des lecteurs de MP3 et de Divx (logiciels de compression respectivement pour la musique et les films) permettant la réalisation de copies.

Les externalités de réseau renvoient au fait que la valeur de certains produits dépend du nombre d'utilisateurs de ce même produit (téléphone, fax). L'utilité d'un ordinateur s'accroît s'il permet de partager des fichiers avec d'autres utilisateurs. De même, les copies créent des externalités de réseau positives. Parce qu'elle est disponible à un prix moindre (voire nul), une copie pirate augmente le nombre d'individus qui utilisent un bien, et donc sa valeur pour les acheteurs de versions non pirates, qui sont conduits à adopter ce produit. Les copies non autorisées peuvent donc bénéficier aux offreurs de copies autorisées, titulaires de DPI, par leurs répercussions en termes de diffusion [Conner et Rumelt, 1991 ; Takeyama, 1994 ; Shy et Thisse, 1999]. La plupart des recherches sur ce thème ont pour modèle l'industrie du logiciel, industrie de réseau, pour laquelle la stratégie n'est pas tant de minimiser l'ampleur des copies que d'étendre la présence de l'entreprise sur le marché. Comme l'affirmait Bill Gates lui-même à propos de la piraterie par les Chinois : « Tant qu'ils continuent à le voler [le logiciel], nous voulons qu'ils volent le nôtre. Ils deviendront dépendants, et nous pourrons alors envisager de les faire payer dans la décennie suivante » (Corey Grice et Sandeep Junnarkar, « Gates, buffett a bit bearish », *News.com*, 2 juillet 1998). L'extension de ce concept au-delà de l'industrie du logiciel est cependant loin d'être acquise [Ramello, 2005]. Le copiage non autorisé de jeux vidéo et de logiciels donne bien lieu à des effets de réseaux importants et permet à certains de s'imposer. Si les réseaux P2P bénéficient eux-mêmes d'externalités, puisque l'utilité d'un site augmente avec le nombre des internautes qui échangent des fichiers, les copies sur ces réseaux contribuent cependant peu à faire de l'œuvre un standard et à augmenter la valeur des originaux.

Troisième effet potentiellement positif de la copie, l'effet d'exposition ou d'échantillonnage (*exposure* ou *sampling effect*) correspond à l'idée que la copie familiarise ses utilisateurs avec des œuvres qui lui étaient jusqu'alors inconnues et peut pousser à l'achat. Les réseaux P2P amélioreraient l'information des consommateurs pour des biens d'expérience (dont la satisfaction n'est connue qu'après consommation) et auraient des effets positifs sur la diversité culturelle [Zhang, 2002]. Ils peuvent même avoir un effet positif sur la vente de disques par des effets d'addiction sur la consommation de musique en général. Ils permettent enfin la découverte de nouveaux artistes par des majors, ce qui réduit les coûts de l'innovation : dans le domaine des jeux sur PC, des éditeurs se servent du P2P pour distribuer des versions d'évaluation de leurs produits et souhaitent susciter l'adhésion grâce au « marketing viral », qui se diffuse massivement *via* les internautes eux-mêmes. Les blogs musicaux sont des milliers de microsites personnels qui proposent une nouvelle façon de découvrir la musique et de la partager sans toujours respecter les règles de propriété intellectuelle. Forme ciblée et améliorée des forums de discussion, ils ont acquis un rôle important de prescripteurs culturels. Face à ces effets contradictoires du piratage, les réactions des artistes sont beaucoup plus contrastées que celles des producteurs ; certains sont avant tout attentifs au fait que leurs œuvres soient reconnues, tel Quentin Tarantino, évoquant au festival de Cannes de 2004, devant un public de professionnels manifestement agacés, sa satisfaction de voir *Pulp Fiction* connu du public chinois grâce au piratage. D'autres artistes se réjouissent de ce qu'ils récupèrent une part des sommes perdues du fait de la baisse des ventes sous la forme de recettes produites par le spectacle vivant, les consommateurs reportant sur l'achat de billets de spectacle les économies permises par le piratage.

Une redistribution des cartes

La logique gagnants/perdants qui oppose à première vue des consommateurs bénéficiant à court terme de la disponibilité de contenus « gratuits », et des titulaires de droits victimes des « effets substitution », est bien trop simpliste. Pour les titulaires de droits, l'analyse économique amène, comme nous venons de le voir, à nuancer l'ampleur des pertes subies sans les nier pour autant. Symétriquement, la réduction du chiffre d'affaires des producteurs peut conduire à limiter leur incitation à la création et, à moyen terme, le nombre d'œuvres disponibles pour les consommateurs. Ajoutons que la consommation supposée gratuite est un leurre ; elle implique des dépenses importantes en abonnements haut débit et équipements multimédia du PC au baladeur. Au-delà de l'affrontement entre internautes et ayants droit, la numérisation a conduit à élargir la chaîne des acteurs participant à la distribution de contenus numériques. L'essor des réseaux P2P peut être interprété comme une forme d'externalité positive pour toute une série d'acteurs d'une filière élargie qui pour beaucoup, ne participent pas au financement de la création [CSPLA, 2005].

Les plates-formes d'échanges du type Kazaa (racheté en 2002 par la société australienne Sherman Networks) diffusent gratuitement des contenus, mais ont une vocation ouvertement commerciale et fonctionnent grâce à un financement publicitaire, à l'exploitation de données personnelles, à la vente de technologies ou de services annexes. Le modèle est très proche de celui de l'économie de la radio et il a été formalisé en termes de marché biface (*two-sided market*) : la gratuité permet aux plates-formes de développer une logique d'audience en direction des annonceurs publicitaires (pour un *survey* récent, *cf.* Rochet et Tirole [2003]). Paradoxalement, les réseaux P2P sont victimes des comportements de passager clandestin qu'ils font subir aux industries de contenus. De nombreux utilisateurs téléchargent mais ne mettent rien à disposition, ce qui à terme signifie la mort du système. Malgré un accès gratuit aux inputs, l'efficacité économique des réseaux P2P nécessite la mise en œuvre de mécanismes d'incitation à contribuer, que les nouvelles générations de P2P tentent d'imposer.

Les industries de télécommunication et les industries techniques (informatique et électronique grand public) participent également de cette nouvelle économie. Du côté des télécommunications, l'effet d'entraînement pour les abonnements haut débit (12 millions en France, fin 2006), produit par l'existence de contenus sur les réseaux P2P, est ambigu. Ces offres ont dopé le haut débit lors de son décollage, mais le succès des réseaux P2P pose un certain nombre de problèmes techniques aux fournisseurs d'accès, en raison de la surconsommation coûteuse de bande passante, les réseaux n'ayant pas été prévus pour véhiculer de telles quantités d'informations. En revanche, du côté des industries techniques, les fabricants d'ordinateurs, de graveurs et de logiciels ont clairement profité des nouvelles formes de consommation numériques.

Qu'il s'agisse pour une même firme de vendre du matériel directement complémentaire (Apple), d'attirer des clients grâce à des productions venues d'autres firmes et utilisées illégalement (fournisseurs d'accès, logiciels P2P) ou légalement (tel Coca-Cola qui proposait de faire gagner aux acheteurs de canettes des bons de téléchargement de musique sur téléphone portable), ou encore, selon un modèle devenu classique dans les médias, de proposer gratuitement des contenus en échange de publicités, la logique est partout la même : utiliser les productions culturelles comme des produits d'appel. Internet n'a pas créé ce modèle mais l'amplifie. Le problème n'est pas tant celui de la gratuité que celui du transfert de la rentabilité économique au sein de la chaîne de valeurs entre des industries qui financent les contenus et des firmes, souvent étrangères au monde de la culture, qui profitent de ces contenus pour vendre tout autre chose. La généralisation de ce modèle pose trois types de problèmes. Le premier a trait à la dévalorisation symbolique de la création lorsque les biens sont conçus pour attirer les faveurs des publicitaires et des sponsors, ou pour vendre les produits dérivés servant à les financer. Cette dévalorisation peut avoir un impact négatif sur l'ensemble de la production artistique, suspectée du même travers. Le deuxième problème concerne la diversité culturelle : tandis que l'émergence d'artistes *via* les blogs et les communautés donne le sentiment que la production est appelée à s'enrichir et se diversifier, la propension des entreprises culturelles à concentrer leurs actions sur quelques produits phares risque de s'accentuer sous la pression d'acteurs non spécialisés. Le troisième problème renvoie à la capacité du système de garantir les transferts entre ceux qui financent les contenus et ceux qui en profitent. Les pratiques de P2P témoignent d'une évolution sans doute irréversible, tant la demande sociale est forte, et surtout tant cette économie se révèle rentable pour un grand nombre d'acteurs. Parce que cette rentabilité s'accompagne rarement d'un retour vers les industries de contenus et les créateurs, de nouveaux modèles sont en voie d'émergence.

V / Répondre au numérique. Des modèles alternatifs

Le développement du numérique a transformé les règles du jeu. La montée spectaculaire du téléchargement de la musique et le développement de ces pratiques en d'autres champs contraignent les acteurs des filières culturelles à s'adapter. Pour satisfaire à la fois le public des internautes et préserver à terme la diversité de la création culturelle, de nouveaux modèles de valorisation économique à la fois publics, marchands ou coopératifs [Farchy, 2004] émergent d'ores et déjà.

Les solutions publiques

Dans le contexte numérique, les formes de l'intervention publique sont appelées à se renouveler [Romer, 2002]. Selon Peter Eckersley [2003] par exemple, la mise en place de subventions peut aboutir à de meilleurs résultats en termes de bien-être social qu'un système de droits exclusifs garantis par des systèmes numériques de gestion des droits (DRM), notamment parce que ces technologies sont infiniment plus chères que les subventions en termes d'infrastructure et de sécurisation envers les contrevenants.

Transferts et taxes

Pour internaliser l'existence d'externalités positives au profit d'agents économiques dont l'activité bénéficie de la production de contenus culturels, de nombreux économistes ont envisagé l'instauration de mécanismes de transferts obligatoires.

Raymond Ku [2002] suggère de taxer le disque dur des ordinateurs. Neil Netanel [2003] propose un système de compensation prélevé sur tous les produits et services en liaison avec le P2P (accès Internet, ordinateurs associés aux graveurs, lecteurs MP3, supports vierges, etc.). Cette compensation forfaitaire définie par un tribunal spécifique donnerait le droit de télécharger légalement de façon illimitée et de diffuser des contenus dans un but non commercial. William Fisher [2004] envisage également un système public alternatif de compensation financé soit par une taxe, soit sur le budget fédéral, ce qui serait plus impopulaire. Lior Strahilevitz [2002] propose de taxer les flux en *upload* afin de les rendre coûteux, diminuant ainsi l'attractivité des réseaux d'échange, qui pourraient à terme s'effondrer faute de contributeurs. S'inspirant de cette idée développée aux États-Unis, Olivier Bomsel [2004] envisage de segmenter le marché de l'accès Internet en imposant aux fournisseurs d'accès, par la réglementation, une tarification asymétrique du haut débit, dissuasive pour le trafic montant (*upload*) contenant des fichiers protégés. L'objectif est de favoriser les offres payantes et le téléchargement descendant. L'étude ne prévoit pas que le produit de cette surtarification soit réservé aux ayants droit, mais qu'il finance le déploiement des infrastructures haut débit et l'accès descendant. L'application de cette proposition risquerait cependant de brider le caractère interactif de l'infrastructure du réseau Internet, qui en constitue la richesse. Les principaux services permis par le haut débit seront en effet de plus en plus dépendants de l'*uploading* : jeux en réseaux, messageries instantanées, téléphonie sur Internet, visioconférence, téléenseignement, télésurveillance. Le développement de ces services suppose d'encourager le trafic *upload* plutôt que de le pénaliser et d'éviter de reléguer l'internaute au simple rôle de consommateur.

De manière générale, l'instauration de nouvelles taxes pose de nombreux problèmes pratiques. Si l'on veut taxer un marché de produits auxiliaires, lequel choisir ? Celui du matériel de reproduction, celui des supports vierges, celui des abonnements Internet, celui des flux *upload* ? La taxe peut conduire à une baisse de la consommation sur les marchés secondaires taxés : elle pénalise par exemple l'industrie des supports vierges alors que leur utilisation correspond souvent à des usages autres que la reproduction de contenus protégés.

Les licences non volontaires

Les licences non volontaires constituent une renonciation aux droits exclusifs (*cf.* chapitre I). Il s'agit d'un instrument *a priori* juridique, contrairement à la taxe, plus familière aux économistes. Les deux outils se distinguent sur le plan conceptuel, même si, en pratique, de nombreuses propositions émanant des milieux aussi bien professionnels qu'académiques associent les deux aspects. En effet, une fois le principe juridique d'un droit à rémunération accepté, il devient nécessaire d'en définir l'assiette et le taux. C'est le cas notamment de la proposition de licence globale qui a donné lieu à une bataille parlementaire et médiatique féroce en France fin 2005 avant d'être finalement rejetée : une rémunération forfaitaire assise sur les revenus des fournisseurs d'accès était prévue. Précisons cependant qu'une renonciation aux droits exclusifs n'a pas forcément pour contrepartie une taxe sur les FAI et qu'inversement une taxe sur les FAI peut se concevoir sans renonciation aux droits exclusifs dans la perspective, par exemple, de création d'un fonds de soutien à des projets culturels.

Les licences s'inscrivent dans une logique de revenu compensatoire et/ou complémentaire, alors que le véritable enjeu pour les industries culturelles est de développer de nouvelles sources de valeur et des modèles économiques innovants adaptés à un univers, le numérique, qui ne constitue plus un marché périphérique mais le cœur de l'activité future des industries culturelles. Dans la mesure où les licences non volontaires apparaissent comme l'option la plus irréversible susceptible d'entraîner des *lock-in* (verrouillage) institutionnels [Merges, 1996], elles peuvent être considérées comme la solution de la dernière chance [Liebowitz, 2005] afin de ne pas entraver l'éventuelle émergence de nouveaux modèles.

La construction chaotique d'une offre marchande autorisée

Face à la concurrence d'offres en apparence gratuites pour l'utilisateur, comment constituer un marché fondé sur le paiement des contenus ? Tel est le problème auquel se trouvent confrontées les entreprises qui s'engagent dans la distribution autorisée en ligne. Précisons que l'offre payante n'est pas

L'analyse économique des licences non volontaires. Arguments et contre-arguments

Plusieurs arguments économiques plaident en faveur de la licence non volontaire. L'ampleur des coûts de transaction que produirait le maintien de droits exclusifs à travers la gestion individuelle ou la gestion collective volontaire rend impossible la rémunération des ayants droit et impose des compensations par le recours aux licences. Outre cet argument classique, Thomas Gallagher [2002] développe une analyse originale en termes d'incitations. Lorsque les titulaires possèdent un fort pouvoir de marché ou que l'on constate un allongement de la durée des droits, le droit d'auteur s'exerce de manière trop forte en faveur des titulaires de droits et cesse de jouer son rôle traditionnel d'incitation à la création ou à la production. La licence non volontaire est un moyen de combattre ces abus et de rétablir un certain équilibre entre les parties (entre artistes-interprètes ou auteurs et producteurs par exemple).

Outre le fait que de nombreuses législations internationales se prononcent en faveur du droit exclusif sauf dans des cas très limités, les licences non volontaires présentent cependant de multiples inconvénients sur le plan économique. Souvent présentées comme une solution satisfaisante pour résoudre la question des échanges non autorisés sur Internet, elles peuvent se révéler un remède pire que le mal. La question du niveau de rémunération se trouve prise en étau entre deux contraintes contradictoires : d'un côté, offrir au consommateur un accès à tous les contenus, ce qui suppose un prélèvement sans commune mesure avec le consentement à payer des internautes, et, d'un autre côté, offrir au consommateur un accès supportable en termes de prix mais qui se limite à certains types de contenus. Le mode de répartition des sommes prélevées pose également problème. Une fois perçues, ces sommes doivent être réparties par des sociétés de gestion collective entre les auteurs, les artistes-interprètes et les producteurs de plusieurs secteurs, puisque les réseaux P2P transportent à la fois des films, de la vidéo, des jeux, de la musique, des écrits, etc. Comment procéder à l'évaluation des échanges ? En France, à la radio, les sociétés de gestion collective se fondent sur les déclarations des stations qui établissent la liste des œuvres diffusées. Sur l'Internet, il serait possible de s'appuyer sur des données recueillies sur les pratiques de téléchargement, suivies soit par sondages (qui en général favorisent les produits phares), soit par relevé réel (ce qui suppose un mécanisme de marquage des œuvres). Quelle que soit l'hypothèse retenue, elle suscite des coûts de gestion. La question des incitations économiques reste alors entière, puisque la rémunération ne serait plus liée à la valeur des œuvres ou aux stratégies des acteurs de contenus, mais reposerait sur une assiette aléatoire (le nombre d'abonnés et le prix du haut débit lorsqu'il s'agit d'un prélèvement sur les FAI). Le système fige à un temps déterminé l'état d'une économie en constante évolution. Une fois fixées, les rémunérations ont du mal à s'ajuster en fonction des évolutions du marché : les licences obligatoires pour les droits mécaniques aux États-Unis sont ainsi restées à un niveau constant de 1909 à 1976 [Merges, 1996].

toujours légale, ce qui sème la confusion dans l'esprit du consommateur : tandis que certains sites font payer aux internautes une somme, certes modeste, pour accéder à des contenus culturels, sans pour autant en reverser une partie aux ayants droit, l'offre autorisée (ou légale) est proposée avec l'accord de l'ensemble des ayants droit sous forme gratuite ou payante.

Des marchés en mutation

Les premières tentatives d'offres payantes en ligne ont été mises en place dès 1998 (eMusic puis Streamwaves et OD2 en 2001) ; en 2001, des filiales des majors du disque se lancent à leur tour avec Pressplay (Vivendi-Universal et Sony) et Musicnet (Bertelsmann). Ces premières expériences ont été des échecs : des catalogues peu diversifiés et segmentés n'ont pas suscité l'adhésion du public. Fin 2003, Apple lance le site iTunes Music Store et parvient à négocier avec l'ensemble des majors la constitution d'une offre large et sécurisée sur une même plate-forme. La firme devient de la sorte leader du marché mondial. Le marché est également marqué par l'arrivée d'acteurs provenant de secteurs très hétérogènes : électronique grand public (Sony), informatique (Dell, Roxio), éditeurs de logiciels (Microsoft), Internet (AOL, Wanadoo en France), distributeurs physiques (la Fnac et VirginMega, leader du marché en France) ou dématérialisés (Amazon aux États-Unis).

Le marché de la vente en ligne de musique a décollé en 2004 mais reste marginal par rapport au niveau des échanges en P2P (le volume des fichiers payants téléchargés représenterait moins de 5 % du nombre des fichiers téléchargés gratuitement). La musique dématérialisée distribuée légalement *via* la téléphonie mobile est également destinée à devenir une source significative de revenus, grâce aux débits croissants proposés par les téléphones de troisième génération (téléchargement de sonneries et de manière plus récente d'œuvres). Dans le domaine du cinéma, la MGM est le premier studio hollywoodien à avoir annoncé dès 2000 qu'il songeait à distribuer certains de ses films sur Internet. La *video on demand* « pure » correspond à une vidéothèque à domicile alimentée par un serveur central sur lequel un grand nombre de programmes sont disponibles à tout moment. Les modalités de paiement peuvent s'effectuer à l'unité sur requête du consommateur à un serveur dédié, ou par abonnement pour un nombre déterminé (ou illimité) de films au cours d'une période donnée. La VOD peut être accessible par le câble, le satellite ou l'ADSL. Le marché américain est dominé par Movielink (crée en 2001 par la MGM, Paramount, Sony, Universal et Warner), Cinemanow et Amazon. En France, Canal +, France Télécom et TF1 sont les principaux acteurs du marché. Apple a étendu son activité aux programmes télévisuels courts (clips, séries) puis aux films en 2006 grâce au lancement de l'iPod vidéo. D'autres sites lui ont emboîté le pas dans le domaine télévisuel. La volonté des acteurs d'assurer leur présence ne signifie pas pour autant qu'un marché véritable se soit encore constitué : les revenus produits par la VOD sont, fin 2006, encore totalement embryonnaires.

L'offre légale ne peut parvenir à se développer qu'à la condition d'être très diversifiée. Le fonds de catalogue (œuvre datant de plus de deux ans) suscite une demande atypique sur les sites légaux, que l'on rencontre également sur les réseaux P2P et que l'on résume sous le terme « longue traîne » [Anderson, 2004] : à côté des best-sellers, un très grand nombre de titres sont vendus à quelques exemplaires. La richesse des catalogues ne suffit pas et les modèles économiques des offres de musique en ligne fondés sur la vente au titre ou à l'album sont fragiles. Le prix de 0,99 euro (et de 0,99 dollar aux États-Unis) proposé par Apple est apparu immédiatement et au plan mondial comme le « prix psychologique » plafond du titre téléchargé. Mais la répartition de la recette peut aboutir à des marges négatives pour les distributeurs [CSPLA, 2005]. Le modèle a été conçu pour des acteurs comme les fabricants de baladeurs (Apple, Sony) dont le cœur de métier n'est pas la distribution de musique. De plus, alors que la littérature économique s'interroge depuis Ronald Coase [1972] sur le choix entre la stratégie de vente et celle de location pour un offreur de biens durables (comme la musique qui peut être consommée de multiples fois), sur le marché en ligne, la majorité des acteurs (Napster, Rhapsody, Yahoo...) a choisi une stratégie de location. Une des explications possibles tient au fait que la location crée des coûts de conversion pour le consommateur qui, s'il met fin à son abonnement, devra à nouveau transférer ses morceaux de musique sur son baladeur ou son ordinateur à partir de son nouveau service d'abonnement [Rayna, 2006]. Apple et Sony ont, au contraire, opté pour la vente car la complémentarité avec le matériel leur permet de bénéficier automatiquement de la captivité des consommateurs. Dans le cinéma, la VOD au titre risque de ne pas être plus rentable que la musique au titre et pose nombre de problèmes d'adaptation des dispositifs réglementaires à de nouveaux usages.

La question centrale est de savoir si le marché peut se développer alors que les consommateurs bénéficient d'une offre gratuite largement substituable à celle qui est proposée légalement, sous réserve des risques de sanction. Les formes de distribution sont-elles vouées à se cannibaliser ? L'expérience passée du cinéma incite à la prudence : après avoir pâti de la concurrence de l'offre télévisuelle à partir des années 1960, le cinéma en salles a trouvé, à travers la différenciation des produits, des raisons de séduire encore près d'un milliard d'Européens chaque année. Quant à la cassette vidéo, elle fit craindre, comme le P2P aujourd'hui, la généralisation des copies gratuites, au point qu'en 1982, Jack Valenti, alors président de la MPAA, lançait cet avertissement : ce duo [le magnétoscope et la cassette vidéo] « est aux producteurs américains... ce que l'étrangleur de Boston est aux femmes seules à la maison » ! La vidéo est pourtant devenue un des principaux vecteurs de ressources pour les majors hollywoodiennes : la multiplication des supports de diffusion a fortement augmenté la taille du marché du film. De même, l'existence de chaînes de télévision gratuites ne décourage pas les abonnements aux bouquets du câble ou du satellite, et l'emprunt en bibliothèque cohabite avec la distribution en librairie. Ces complémentarités ne peuvent cependant se développer que dans le cadre d'une nette différenciation des produits, et à la condition que les sommes versées par les consommateurs puissent alimenter le financement de la création. La différenciation de l'offre physique *et* de l'offre en ligne par rapport au P2P ne va pas de soi (surtout dans le domaine de la musique), et le différentiel d'utilité, pour le consommateur, ne justifie pas nécessairement le différentiel de prix.

Les DRM, ou la tentation de restaurer l'exclusion par la technique

Les *Digital Rights Management Systems* (DRM) sont la matérialisation d'une idée simple formulée par Charles Clark, représentant des associations internationales d'éditeurs lors d'une conférence de l'OMPI en 1995 : « La réponse à la machine se trouve dans la machine. » La formule fut abondamment reprise pour affirmer que les solutions optimales aux problèmes du piratage sont d'ordre technique : ce que la technique autorise (le contournement de la propriété intellectuelle), la technique permettrait également de l'éviter. L'histoire pourtant courte des DRM est mouvementée ; elle s'écrit en plusieurs étapes qui vont de la fascination initiale à une méfiance largement répandue.

Des outils de protection et de gestion. — Les DRM sont des systèmes de gestion des droits pour la distribution sécurisée de contenus numériques, comprenant des mesures techniques de protection soit de nature matérielle, soit de nature logicielle. Ces dispositifs ont été qualifiés de *self-help systems* [Dam, 1999] : à la manière d'un individu défendant lui-même sa nouvelle propriété, le producteur d'une œuvre la protège contre toute tentative d'appropriation non autorisée. Les DRM ne sont pas seulement des mesures techniques de protection (MTP, *Measures Technical of Protection*) qui permettent de contrôler l'accès ou l'utilisation de certains contenus mais également des outils d'information et de gestion des droits. Les DRM s'appuient sur deux types de techniques, selon que la volonté de leurs promoteurs est d'empêcher préventivement en amont certains usages ou qu'elle vise à identifier les œuvres, à contrôler *ex post* leurs utilisations et à détecter d'éventuelles violations de droits. Dans le premier cas, le contenu est encodé dans un système de *cryptage*. Ainsi, par exemple, une image peut être visionnée ou une musique écoutée par un utilisateur, mais elles ne peuvent être enregistrées sur son disque dur. Pour pouvoir le faire, l'utilisateur doit obtenir une clé ou une application spécifique. La télévision à péage recourt à des mécanismes d'accès conditionnel fondés sur la cryptographie. Le deuxième type de technologie obéit à une logique de *tatouage* grâce auquel une information est associée de manière permanente et imperceptible à une œuvre. Il s'agit de marquer une œuvre ou une prestation afin de répondre à des objectifs de protection, d'identification, d'authentification, d'intégrité ou de traçabilité.

Sur le plan économique, les DRM prolongent le modèle classique de distribution du monde physique en permettant l'exclusion des consommateurs. Les DRM sont également un outil de *versioning*. Ce terme renvoie à la capacité d'offrir des options personnalisées aux consommateurs, des variantes du même bien à des prix différents. Les DRM ouvrent la possibilité de préciser une grande quantité d'usages autorisés (nombre d'accès possibles, durée de l'accès, droit d'enregistrer, de reproduire, de conserver, nombre de copies...) et d'adapter la tarification en fonction des usages [Meurer, 1997 ; Bell, 1998]. Il est ainsi possible d'envisager que, pour un même morceau de musique, les prix soient élevés pour une utilisation illimitée, faibles pour un usage unique ou encore plus faibles pour un usage à finalité de recherche.

Les DRM, pseudo-alternative technique et contractuelle au copyright. — Tout un courant d'analyse économique a considéré à la fin des années 1990 que les DRM pourraient être une alternative à la protection légale. La gestion électronique permettant de réduire les coûts de transaction, tous les usages peuvent être tarifés et la notion d'exception, lorsqu'elle est justifiée par une défaillance de marché, perd sa raison d'être puisque cette défaillance disparaît [Bell, 1998]. L'individualisation de la tarification permet de substituer la généralisation des contrats à la réglementation de la propriété intellectuelle [Friedman, 1996 ; Dam, 1999 ; Schlachter, 1997]. La protection des investissements et l'exclusion des consommateurs peuvent être assurées par des dispositifs marchands et des négociations directes entre détenteurs individuels de droits et utilisateurs. Ce modèle contractuel et technologique aurait ainsi l'avantage de mettre en œuvre des systèmes d'exclusion des utilisateurs non payeurs en lieu et place d'une réglementation des droits de propriété ; il éviterait de surcroît les procès en rendant les usages illégaux difficiles, alors que les DPI sont un outil d'exclusion qui n'empêche pas les agents d'utiliser l'œuvre tant qu'une action juridique n'a pas été intentée à leur encontre [Burk, 2004]. Cette idée que le marché adossé aux DRM serait préférable à la loi a fait l'objet de vives critiques. Elle repose sur le postulat qu'un choix libre et éclairé sur les conditions contractuelles est possible et qu'il se traduit par une pluralité de contrats correspondant aux attentes des utilisateurs. En réalité, quelques contrats standardisés voient le jour sans aucune négociation [Elkin-Koren, 1998 ; Cohen, 1998].

Le remplacement de la propriété intellectuelle par des alternatives contractuelles et techniques est donc resté au stade de développements théoriques. La réalité professionnelle et législative a été très différente, faisant de la technique son principal allié, une protection complémentaire au droit d'auteur, non une alternative. La distribution en ligne grâce aux DRM a cependant suscité un grand nombre d'interrogations d'ordre industriel, juridique, technique et social. Les stratégies mouvantes des professionnels reflètent ces interrogations.

Une mise en œuvre controversée. — Le marché des solutions DRM est né au milieu des années 1990. Les entreprises y ont connu un fort mouvement de concentration, lié à l'ampleur des investissements nécessaires pour des technologies rapidement obsolètes et qu'il faut donc renouveler régulièrement [Farchy et Rochelandet, 2002]. Quelques acteurs dominent le marché : Apple, Microsoft, Real Networks et Sony. Ces firmes sont en concurrence pour imposer leurs standards. Les DRM, outils de protection des DPI sur les contenus culturels, sont eux-mêmes protégés par des DPI (brevets aux États-Unis, droits d'auteur et brevets en Europe). Certaines entreprises ont d'abord fait le choix de restreindre l'accès à leurs DRM et de promouvoir une technologie propriétaire fermée : seuls les iPod, baladeurs numériques d'Apple, peuvent lire les contenus achetés sur le site en ligne de la firme. Inversement, les iPod ne peuvent lire que des contenus protégés par leurs propres DRM ou utilisant le format MP3, sans DRM associé, des réseaux P2P. Apple, qui refusait (sauf dans des conditions très restrictives) d'accorder la licence de sa technologie à d'autres distributeurs de musique et à d'autres fabricants de baladeurs, semble remettre cette stratégie en cause début 2007. D'autres entreprises comme Microsoft ont d'emblée opté pour un système propriétaire « ouvert ». La firme propose ses licences à un prix attractif, afin d'éliminer les concurrents potentiels, de verrouiller le marché et éventuellement de relever les prix à moyen terme. Le point commun entre Apple (stratégie fermée) et Microsoft (stratégie ouverte) est d'entrer en compétition sur le marché des DRM pour assurer leur position dominante sur un produit complémentaire : le système d'exploitation sur PC, Windows pour Microsoft, les baladeurs iPod pour Apple. Si la concurrence entre technologies revêt des avantages de court terme (stimulation de l'innovation et baisse des prix), une condition de son efficience à plus long terme passe par l'interopérabilité, c'est-à-dire par le processus qui permet de rendre compatibles deux systèmes qui, à l'origine, ne le sont pas. Cela permet de bénéficier d'externalités de réseau positives liées à la constitution d'un réseau composé de tous les services et contenus interopérables avec le DRM [Bomsel et Geffroy, 2006].

Le fournisseur de DRM négocie en amont avec les fabricants de terminaux équipés et en aval avec les distributeurs de contenus en ligne afin que le consommateur puisse lire l'œuvre *in fine*. De leur côté, les distributeurs négocient avec l'ensemble des ayants droit fournisseurs de contenus dans quelles conditions et pour quels types d'usage ceux-ci peuvent être mis en ligne. Il y a donc rarement des liens directs entre les ayants droit et les fournisseurs de DRM. Seul Sony développe une stratégie d'intégration verticale sur l'ensemble de la filière (contenu, distribution en ligne, fournisseur de DRM et matériel). Les fournisseurs de contenus, demandeurs de protection, ayant renoncé à développer en interne des solutions DRM pour s'adresser à des prestataires techniques spécialisés, se retrouvent très dépendants de ces firmes. Ils subissent des asymétries informationnelles et n'ont aucun moyen d'évaluer le niveau d'effort effectivement fourni par les prestataires afin d'améliorer les performances de leurs systèmes. À terme, la victoire d'un standard pourrait conduire à l'augmentation des prix des licences des fournisseurs de DRM, susceptibles d'abuser de leur position dominante. Le propriétaire des droits sur ce standard se trouverait en mesure d'imposer des limites à la concurrence, ce qui pourrait aboutir à des abus de position dominante [Farchy et Ranaivoson, 2005]. Le numérique place ainsi les industries de contenus dans une situation de dépendance stratégique inédite vis-à-vis des industries techniques.

Sur le plan juridique, les mesures techniques ont fait l'objet d'une protection qui entre dans les traités internationaux OMPI en 1996. Dès 1998, aux États-Unis, le *Digital Millenium Copyright Act* prévoit un dispositif selon lequel sont interdits et sanctionnés l'acte et la fabrication de dispositifs de contournement des mesures techniques. Ces dispositions, reprises dans la directive européenne de 2001 sur les droits d'auteur et les droits voisins, envisagent comme auxiliaires du droit exclusif (premier niveau de protection) la mise en place de procédés techniques (deuxième niveau de protection) et en garantissent le respect en sanctionnant juridiquement les atteintes et notamment le contournement (troisième niveau de protection). Un des aspects controversés de ces mesures est la manière dont elles affectent le périmètre des exceptions. Un utilisateur qui contourne une mesure technique dans le but d'exercer l'exception pour copie privée doit-il être sanctionné ? Avec les DRM, la procédure de réglementation de l'usage de l'information est privatisée et le pouvoir de définition des limites de l'accès du public à l'information est délégué à des personnes privées (les titulaires de droits), non au législateur : on passe du *public ordering* de la loi au *private ordering* des contrats [Elkin-Koren, 1998 ; Dusollier, 2005].

Sur le plan technique, la protection des DRM relève d'un « jeu du chat et de la souris » entre les contrefacteurs et les fournisseurs de DRM. Cette course réintroduit des coûts que le recours aux techniques avait pour ambition de diminuer : coût de contrôle des techniques, de poursuites des individus neutralisant les dispositifs, etc.

En termes de bien-être social, il convient de surcroît de déterminer les limites acceptables par les consommateurs à l'utilisation des DRM. L'interopérabilité est-elle indispensable ? On note que le marché des jeux vidéo est parvenu à se développer en son absence. Dans le domaine de la musique, alors que personne ne se plaignait autrefois de ne pouvoir lire une cassette dans un lecteur de disques 33 tours, le numérique a créé une attente d'interopérabilité pour le consommateur qui vit par exemple comme une frustration que des CD soient illisibles sur certains lecteurs. En l'absence d'interopérabilité, l'usage de chaque version d'une même œuvre est en effet limité à une plateforme de distribution ou à un terminal. La question de l'interopérabilité concerne essentiellement le marché des baladeurs et pose notamment des problèmes de sécurité et de coûts qui sont supportés par l'ensemble des consommateurs alors que la demande d'interopérabilité ne concerne qu'une minorité. De plus, certains DRM permettent d'identifier l'utilisateur et d'accumuler quantité de données personnelles qui peuvent être détournées et utilisées à des fins commerciales. Des technologies trop envahissantes sur le plan de la vie privée risquent surtout d'entraîner un rejet massif et d'engendrer plus de désobéissance que d'obéissance [Goldstein, 2001], d'autant que les protections défavorisent surtout les néophytes de l'informatique et laissent une certaine liberté aux internautes capables de les contourner. Alors qu'un livre acquis licitement peut être lu maintes fois, prêté, offert, les DRM n'autorisent des usages que dans des conditions prédéterminées. Des DRM trop restrictifs sur des œuvres pourtant acquises en toute légalité sont susceptibles d'inciter à la consommation de contenus illégaux, eux-mêmes gratuits et dont l'usage est beaucoup plus souple. C'est pourquoi certains producteurs et distributeurs phonographiques envisagent fin 2006 d'abandonner les DRM sur les ventes en ligne et de ne les réserver qu'à des cas particuliers (location, streaming...). Sans doute faut-il voir dans ces évolutions un glissement du rôle des DRM de la simple exclusion au profit d'un rôle accru d'information et de gestion ; il faut y voir également le reflet d'un processus de tâtonnement auquel sont soumis les professionnels qui tentent d'adapter chaque secteur, de façon différenciée, aux mutations numériques.

Inventer des offres innovantes

Les offres légales de téléchargement ou sur téléphones mobiles (beaucoup plus fortement sécurisées et en plein essor) grâce à des techniques de protection et d'exclusion répliquent, dans le monde numérique, les modèles économiques du monde physique. D'autres modèles innovants cherchent à exploiter certaines potentialités des réseaux à l'appui du développement d'une nouvelle génération d'offres légales. Le concept de « superdistribution » [Kawahara, 1990 ; Rosenblatt, 2003] a d'abord été appliqué à la filière logicielle où il fait référence à une technologie qui autorise les contenus protégés à être distribués de multiples fois. Appliquée à d'autres formes de biens dématérialisés, la superdistribution produit des sources de revenus à chaque stade : le consommateur devient un éditeur, qui touche une commission en envoyant à d'autres un fichier, à charge pour eux d'acheter une licence. La fonction de prescripteur de l'internaute est valorisée, de même que sa capacité de partage. Le terme renvoie également à une innovation marketing permettant aux titulaires de droits qui souhaitent promouvoir des œuvres de profiter d'effets de distribution par capillarité des réseaux. Quelle que soit la forme adoptée, le point commun des pratiques de superdistribution est que la distribution des contenus s'effectue directement entre les consommateurs.

À la suite d'expériences lancées par des indépendants, divers accords entre majors et réseaux de P2P (Grokster, BitTorrent) ont vu le jour, mêlant promotion gratuite et services payants. Ces systèmes de « P2P légal » fonctionnant sur la base de la superdistribution ont pour but de réconcilier le respect de la propriété intellectuelle avec les avantages traditionnellement associés au P2P : distribution efficace, capacité de recherche rapide et de partage, effet d'appartenance à une communauté, pouvoir de prescription des membres de la communauté par effet de bouche-à-oreille [CSPLA, 2005]. L'avantage économique est de supprimer la gestion d'un serveur central et de réduire le coût de la bande passante requise pour répondre aux demandes des internautes, puisque ce sont les membres de la communauté qui contribuent à alimenter le réseau ; ainsi, des prix attractifs peuvent être proposés. L'effectivité de ces solutions requiert cependant la coopération des éditeurs de logiciels/opérateurs de réseaux P2P.

Si nombre d'entre eux paraissent vouloir changer de stratégie pour permettre une distribution licite, le P2P légal n'a pas connu les développements attendus, et ce sont des modèles beaucoup plus classiques de médias financés par la publicité qui semblent se mettre en place tout aussi difficilement ; Universal Music et EMI ont ainsi annoncé un projet (dès 2007) de téléchargement gratuit de leur catalogue en échange de publicités obligatoires pour l'internaute. L'univers marchand qui se dessine ainsi repose sur la coexistence d'une économie d'accès restreint soutenue par la technique et réservée aux produits à forte valeur ajoutée, et d'une économie à accès élargi, dans laquelle les productions des industries culturelles sont des produits d'appel pour des baladeurs numériques, des abonnements Internet, des sodas, de la publicité ou toute autre marchandise. Dans les deux cas, le centre de gravité de la création marchande se déplace au profit des acteurs internationaux qui maîtrisent en aval le marché toujours plus coûteux de l'accès et de la visibilité des produits [Chantepie et Le Diberder, 2005] et qui se chargent de négocier le partage des nouvelles sources de valeur avec les producteurs de contenus.

La culture « libre »

La mise à disposition gratuite d'œuvres avec le consentement de leurs auteurs répond à diverses logiques : il peut s'agir d'utiliser le réseau pour bénéficier d'effets de promotion, de se servir de la culture comme produit d'appel pour valoriser d'autres activités ou encore, dans une forme plus militante d'alternative au marché, de s'engager dans une œuvre en accès « libre ».

L'exemple du logiciel

Inspiré d'une philosophie de partage, le mouvement du « libre » s'est d'abord développé dans le domaine des logiciels. Un logiciel libre peut être défini comme celui dont le code source est rendu publiquement disponible *et* peut être librement réutilisé. Il s'oppose aux logiciels commerciaux vendus par des entreprises informatiques avec un code source fermé et protégé par la propriété intellectuelle. Il existe des logiciels gratuits qui ne sont pas libres puisque leur code source n'est pas public.

La légende fait remonter l'origine du logiciel libre à une colère de Richard Stallman à la fin des années 1970, lorsque l'imprimante de son bureau ne lui obéissant plus, il ne put accéder au logiciel qui la contrôlait pour le modifier selon ses besoins car ce logiciel était protégé. L'histoire commence vraiment en 1983 lorsque cet informaticien envoie un message annonçant qu'il est en train d'écrire un logiciel complet compatible avec le système propriétaire Unix, GNU (Gnu's not Unix), et qu'il le laisse à la disposition de tous ceux qui souhaitent l'utiliser. En 1991, un étudiant finlandais, Linus Torvalds, met au point la première version d'un système d'exploitation fondé sur GNU, Linux. À la fin des années 1990, le principe des logiciels libres s'incarne dans des réalisations concrètes et efficaces particulièrement recherchées par de grandes entreprises ou administrations, notamment dans les pays émergents. La part de marché du libre est cependant extrêmement variable d'un segment à l'autre ; 70 % à 80 % des serveurs web dans le monde fonctionnent grâce à des logiciels libres mais ceux-ci représentent à peine 3 % du marché des systèmes d'exploitation des postes de travail personnels en 2006.

Dès 1989, Richard Stallman conçoit la *General Public Licence* (GPL), cadre juridique grâce auquel la diffusion des logiciels libres doit se réaliser. Cette licence précise qu'un logiciel libre doit être d'emblée à disposition de tous et que personne ne doit pouvoir le transformer en système propriétaire. La GPL, la plus répandue des licences de logiciels en libre accès, s'appuie sur le mouvement que l'on nomme *copyleft* ; ses partisans ne rejettent pas les principes du copyright, mais le prennent à l'envers : le détenteur dispose d'un monopole juridique, qu'il utilise non pour interdire mais pour autoriser. La réussite technique des logiciels libres tient à la forte mobilisation d'un nombre élevé de personnes qui poursuivent en commun la réalisation d'un produit très performant (parce que régulièrement évalué par les pairs), dont le succès ne repose sur aucune stratégie marketing. Le logiciel est revu par des personnes ayant des méthodes de travail très diverses, ce qui est un gage de plus grande performance, la majeure partie de l'activité de conception d'un logiciel consistant à éliminer les erreurs. Le logiciel libre revêt de surcroît l'avantage d'être plus réactif à la demande d'utilisateurs, eux-mêmes concepteurs. L'existence des logiciels libres apparaît cependant comme un paradoxe pour l'analyse économique puisque des utilisateurs-programmeurs acceptent de contribuer gratuitement à leur développement. Leur motivation ne repose ni sur une hiérarchie contraignante ni sur des incitations monétaires mais plutôt sur une relation passionnée au travail, un rapport au temps flexible, une valorisation du « gratuit » et des rémunérations symboliques (réputation, fierté de participer à une œuvre collective, échanges au sein d'une communauté) [Himanen, 2001]. Au-delà de ce profil sans doute un peu réducteur, les « figures » et les motivations du libre (du militant au ludique, du professionnel au dilettante) sont en réalité très diverses [Horn, 2004] : stimulation et compétition intellectuelles, complément d'une activité professionnelle liée à l'informatique, expérience, construction d'une réputation au sein d'une communauté d'experts, etc. Les statuts sont également hétérogènes : bénévoles, chercheurs appartenant à des universités ou à des fondations (pour rémunérer les informaticiens qui ne sont pas financés par une université, Richard Stallman a créé en 1985 la Free Software Foundation, chargée de récolter des fonds), salariés de grandes entreprises.

Un signal du succès des logiciels libres est le soutien qu'apporta IBM, icône des logiques propriétaires, à Linux, à partir de la fin des années 1990. Plus généralement, les entreprises investissent d'abord dans une perspective de contrôle de standards et d'amélioration du lien avec l'utilisateur, source d'innovation de produits. La gratuité n'étant qu'une conséquence de la mise à disposition du code source et non une obligation, ces entreprises peuvent, en toute légalité, construire une activité commerciale en proposant des applications complémentaires, des solutions de mise à jour automatisées ou de gestion de système, des formations, de l'assistance, etc. C'est là une source paradoxale de développement du logiciel libre : après des années difficiles pour trouver un modèle économique adapté, les entreprises spécialisées ont centré leurs activités sur les services et la valeur ajoutée. Mais ces modèles apparaissent pour le moment encore fragiles.

Les extensions possibles dans la culture

La licence GPL n'est pas restreinte aux logiciels. Elle peut s'appliquer à toutes les œuvres littéraires et artistiques diffusées sur les réseaux numériques. En France, des collectifs d'artistes ont mis au point en 2000 la « Licence art libre » pour des œuvres de type non logiciel, afin d'inviter les artistes à s'inscrire dans un modèle juridique de protection alternatif pour la création contemporaine. Aux États-Unis, en 2001, Lawrence Lessig a proposé une licence *Creative Commons* adaptée aux œuvres non logicielles. Les contrats *Creative Commons*, traduits dans de nombreux systèmes juridiques nationaux, constituent une solution complémentaire aux dispositions légales en vigueur, permettant aux titulaires de droits d'exprimer au public les conditions d'accès et d'utilisation qu'ils souhaitent appliquer à leurs œuvres. L'objectif est de favoriser la diffusion et le partage en mettant une œuvre à disposition d'une collectivité de créateurs/utilisateurs afin qu'elle soit disponible, modifiée, améliorée, rediffusée. Cette mise en commun au stade de la création et de la diffusion s'accompagne d'un abandon du droit exclusif volontaire de chacun des contributeurs au profit des suivants. Cette logique de partage consenti par les auteurs où les rôles respectifs des créateurs et des utilisateurs se confondent largement doit être distinguée du partage de produits finaux par de simples utilisateurs. Les réseaux P2P de type Kazaa dans lesquels des biens produits en économie de marché sont transférés dans le monde du don sans l'accord de leurs créateurs s'inscrivent dans une logique radicalement opposée au modèle de l'économie non marchande du libre fondé sur le consentement de l'auteur.

Comment expliquer la montée des comportements coopératifs sur le plan économique ? Le contexte institutionnel dans lequel est né Internet joue un rôle indéniable : de son origine universitaire, Internet a conservé une culture de la circulation de l'information et de la liberté d'expression. Mais c'est surtout la structure de l'économie de l'Internet qui favorise la réversibilité des rôles et l'absence de séparation claire entre clients et producteurs de services. Yochai Benkler [2002] nomme *commons based peer production* un mode de production spécifique de l'univers numérique qui s'ajoute aux deux modes d'organisation connus des économistes depuis Ronald Coase : la firme et les contrats. Dans ce type d'organisation, des groupes d'individus collaborent avec succès à des projets de grande échelle en suivant des signaux qui ne sont ni les prix ni les ordres hiérarchiques. Lorsqu'il s'agit de produire de l'information ou de la culture, ce mode de production présente des avantages systématiques sur ses deux concurrents. Bien que les individus ne s'approprient pas directement les bénéfices de leur participation au projet collectif, leur effort est plus efficient que celui qu'ils feraient sur le marché ou dans la firme car les *commons based peer production* permettent à la fois d'identifier les personnes les mieux à même de participer à un élément du projet et d'allouer les ressources à celles capables de les valoriser au mieux selon une logique d'appariement optimal.

Dans le domaine culturel, la philosophie du partage prend appui sur le fait que l'histoire artistique est faite d'emprunts et de reprises. Le mot « auteur » tire son origine du latin *augere* (augmenter) qui témoigne de la volonté d'inscrire son travail (que le terme anglais *works* identifie plus clairement que celui d'œuvre) dans une trame collective. Le travail de création s'inspire et se démarque des travaux précédents, de même qu'en matière d'innovation, comme le notait déjà Isaac Newton, « nous sommes tous des nains montés sur les épaules des géants ». Toute une littérature atteste du caractère cumulatif du processus de création artistique, et des penseurs tel Pierre-Joseph Proudhon s'y réfèrent afin de rejeter la pertinence de l'instauration d'un droit de propriété des auteurs. Pour eux, toute création est une production, non une propriété ; avec la publication d'un ouvrage et sa vente, l'auteur perd la propriété de son œuvre, qui appartient désormais à la collectivité. L'œuvre devenue publique entre dans le fonds des œuvres où d'autres viennent puiser une part de leur inspiration. Certains économistes contemporains insistent également sur le caractère cumulatif de la production artistique : le copyright a des effets contradictoires sur la situation des créateurs, puisque d'un côté il accroît leurs revenus, et que, de l'autre, il augmente les coûts d'emprunt envers ceux qui les ont précédés [Landes et Posner, 2003].

La vision romantique de la création, avec un auteur individualisable, fondée sur la figure mythique du génie, sur laquelle s'appuient les principes originels du droit d'auteur, se heurte à la réalité de sa mise en œuvre. Internet accentue les interdépendances de la création par l'accélération de la circulation des œuvres et l'interaction entre les utilisateurs et les créateurs successifs, formes « auctoriales » intermédiaires entre création classique et réception. Au-delà de la diffusion des œuvres dont le modèle de production est ancien, Internet favorise l'émergence de formes de création renouvelées. Le domaine du jeu vidéo en ligne constitue un terrain privilégié d'observation du développement de nouvelles pratiques de création et d'échanges. Les internautes eux-mêmes sont passés du stade de simples consommateurs au statut de contributeurs de contenus sur des sites de partage comme YouTube, DailyMotion ou MySpace, emblèmes de ce que l'on nomme désormais le web 2.0, l'Internet deuxième génération. Cette évolution n'est pas exempte d'ambiguïtés lorsque des contenus fournis gracieusement par les internautes sont exploités commercialement, au risque de susciter des réactions épidermiques de ces mêmes contributeurs. En 2005, Rupert Murdoch a ainsi racheté MySpace pour 580 millions de dollars tandis que l'année suivante, Google faisait de même avec YouTube pour 1,65 milliard !

L'application de la philosophie du libre à la création artistique pose des questions spécifiques. De nombreux obstacles institutionnels subsistent : en France, les règles des sociétés de gestion collective ne permettent pas aux artistes adhérents de mettre uniquement certaines de leurs œuvres gracieusement à la disposition du public ; il est de plus malaisé de rendre compatibles des licences qui se veulent internationales avec des règles juridiques nationales spécifiques. Enfin, les modèles économiques de rémunération des contributeurs qui s'appliquent au logiciel libre sont difficilement transposables à la création artistique. Les institutions publiques salariant les créateurs existent peu ; la part des revenus des artistes issue de services associés (concerts) ou de produits dérivés (tee-shirts) est croissante depuis le début des années 2000 [Gayer et Shy, 2006 ; Curien et Moreau, 2006], mais tous les artistes ne donnent pas de concerts et ne vendent pas de produits dérivés. Le modèle du logiciel fondé sur la réputation qu'acquièrent des informaticiens auprès de leurs pairs, leur permettant, par la suite, d'accéder à de hauts niveaux de rémunération sur un marché du travail plus traditionnel trouve difficilement un équivalent, même si la réputation des créateurs peut attirer de nouveaux financeurs. Le recours à des fondations (comme Stallman l'a fait) ou à des formes de financement plus atypiques fondées sur le volontariat apporte des compléments limités.

L'idée de former des clubs de contributeurs volontaires qui participent contractuellement au financement d'un bien culturel (comme pour d'autres biens collectifs) en cas d'abolition du copyright, avait été envisagée positivement par Stephen Breyer dans son article précurseur de 1970. Avec le développement du numérique, cette approche a connu un regain d'intérêt. Dans le cadre d'une réflexion sur la culture libre, il s'agit d'une toute autre perspective visant à démontrer non pas la supériorité d'accords contractuels de marché sur la réglementation des droits de propriété, mais au contraire de proposer une alternative au marché selon la logique formulée par l'anthropologue Marcel Mauss de dons et de contre-dons. Dans l'univers numérique, en contrepartie de la mise à disposition des œuvres, les utilisateurs peuvent faire des dons sur une base volontaire en fonction de leur disposition à payer [Samudrala, 2000]. Le problème principal de ce genre de solutions est le risque que les rémunérations soient trop modestes, compte tenu des comportements de passager clandestin, même si des études expérimentales montrent que ces comportements sont souvent de plus faible ampleur que ce que prédit la théorie économique, et qu'ils sont d'autant plus faibles que le degré de proximité ressenti entre le consommateur et le producteur (ici l'artiste) est élevé.

L'applicabilité de la philosophie du libre aux productions culturelles apparaît donc féconde dans des cas bien particuliers : créations collectives fondées sur la coopération, productions pour lesquelles les auteurs ne sont pas directement rémunérés, œuvres dont les auteurs souhaitent simplement se faire connaître ou revendiquent une forme de création alternative militante. Plus fondamentalement, les projets de type *Creative Commons* témoignent d'une réelle difficulté : derrière la rhétorique encourageant les créateurs à adhérer à une philosophie du partage, on trouve parfois des projets abandonnant aux titulaires de droits, selon une logique de *private ordering*, le soin de définir ce qui doit être à la disposition de tous.

VI / Portefeuilles de droits et enjeux stratégiques

Au terme de divers mouvements de rachats, ce sont quelques groupes de communication qui détiennent désormais une grande partie des droits sur les images, les sons et les écrits. La concentration des droits pose à la fois des problèmes de respect des règles concurrentielles et de restriction du domaine public à l'échelle nationale comme internationale.

Les enjeux industriels

L'histoire enseigne à quel point les enjeux économiques dominent la mise en place de la propriété intellectuelle. Le copyright a été une des conditions du développement du capitalisme : il constitue une véritable arme destinée à renforcer le pouvoir économique et politique des pays ou des entreprises [Bettig, 1996]. Dès le XIXe siècle, c'est la position respective des nations sur le marché international des droits qui détermine leur stratégie : les exportateurs nets de propriété intellectuelle d'alors (la France, l'Angleterre, l'Allemagne) mettent en avant les droits « naturels » des auteurs à exercer une pleine propriété sur leurs œuvres et à recevoir une juste rémunération à ce titre ; de leur côté, les pays importateurs nets (États-Unis, Russie) se refusent à signer les traités internationaux et campent sur une position qui fait de l'œuvre un bien à la disposition du public. Le glissement des États-Unis du second vers le premier groupe conduira ce pays à voir évoluer sa doctrine [Hesse, 2002], faisant des éditeurs nationaux de fermes partisans du copyright. En 1853, l'économiste américain Henry Carey exprimait ses réserves en matière de copyright et de libre-échange dans le domaine du livre [Sagot-Duvauroux, 2002] ; défendant une forme d'« exception culturelle américaine », il voyait dans le mécanisme du copyright à l'échelle internationale un moyen d'offrir des débouchés aux pays dominants. Ironie de l'histoire, ce sont aujourd'hui les États-Unis, devenus les plus gros exportateurs de produits sous copyright, qui tentent de renforcer la protection dans ce domaine afin de bénéficier des fruits de la circulation mondiale de leurs productions.

Paul David [1993] montre que toutes les grandes idées et nouvelles technologies ont été, au fil de l'histoire, copiées par les pays les moins développés, depuis l'Allemagne ou l'Angleterre reprenant des technologies inventées dans la République de Venise au XVe siècle, jusqu'aux États-Unis durant la première phase de leur industrialisation. La concentration actuelle des portefeuilles de droits met durablement les pays en développement dans une situation de dépendance stratégique d'autant plus forte que l'on assiste au fait que les savoirs traditionnels, qui échappaient à la sphère marchande, y pénètrent malgré eux du fait de la mondialisation des échanges. Le savoir accumulé par les pays en développement est, de plus, souvent utilisé à des fins commerciales dans les domaines de la pharmacie ou de l'agriculture par les firmes des pays développés. Dans le domaine culturel, il n'est plus exceptionnel de voir des morceaux de musique importés des pays en développement pour faire l'objet d'une réappropriation marchande et d'une protection au titre de la propriété intellectuelle. C'est le cas de chansons ou de compositions musicales mondialement connues et qui ont produit des retombées considérables, telles *Le Lion est mort ce soir* ou *La Lambada* [Smiers, 2003]. Dans le cas de la culture aborigène, « chez les peuples autochtones, les créations visuelles, la musique, le théâtre sont intimement liés à la religion. La terre et l'art sont mêlés. La propriété des œuvres d'art repose non pas sur des droits individuels, comme le postule la loi sur le droit d'auteur du Commonwealth d'Australie (*Copyright Act*, 1968), mais sur un système de droits collectifs dont les gestionnaires agissent en tant que gardiens ou dépositaires, conformément aux lois coutumières aborigènes » [Kamal Puri, cité *in* Cornu, 2006, p. 78]. La propension des pays en développement à tenter de mettre un copyright à leur tour sur les créations est une réponse, sous certains aspects dérisoire, à la concentration des portefeuilles de droits.

La concentration des portefeuilles de droits.
Les multinationales culturelles

Le renforcement du pouvoir oligopolistique des industries culturelles résulte de l'application d'un droit d'auteur sans cesse élargi. Le développement d'économies dans lesquelles l'information constitue une matière première a conduit nombre d'entreprises à tenter de constituer des portefeuilles de droits. Dans le domaine des banques d'images, ce fut la stratégie de Microsoft et de sa filiale Corbis. La maîtrise de droits sur les contenus permet de valoriser les investissements sous différents registres et d'imposer de nouveaux standards technologiques dans le cadre d'une stratégie d'intégration verticale entre contenus et matériels. Une lecture pertinente (mais partielle) des opérations de concentration au sein des industries culturelles requiert la prise en compte des stratégies de constitution et de valorisation de droits, qu'il est possible de décliner sous différents supports (TV, téléphone, Internet). C'est sur le terrain, non pas de la production de biens, mais de la capitalisation des droits afférents, que les nouveaux entrants dans les secteurs culturels (venus de l'informatique, des industries de réseaux ou de l'Internet) construisent des stratégies qui ne sont pas nouvelles : les éditeurs ont dès le XIXe siècle pratiqué des politiques de rapprochement et de fusion dont le but était l'acquisition des fonds et la possibilité de leur valorisation. La massification du marché avec le développement des livres en format poche ouvrait alors des horizons nouveaux de développement. Mais la valorisation des droits prend une forme nouvelle dès lors qu'elle se produit sur différents supports, à une échelle mondiale, et sur les réseaux. Un exemple : Disney s'est fait une spécialité de la déclinaison des biens sur des supports variés et de l'extension de la commercialisation sur différents territoires. *Le Roi Lion*, sorti en 1994, affiche 772 millions de dollars de recettes en salles et 700 en produits dérivés ; la marque inonde de par le monde les écrans de cinéma et de télévision comme les hottes du père Noël, elle habille les enfants et les « happy meals » des McDonald's, vend des livres illustrés et des vidéos. La maison mère gère les droits et délègue la confection de ses objets multidimensionnels à des filiales spécialisées. Plus récemment, de formidables recettes ont été produites par *Harry Potter*, dont les droits dérivés ont été acquis par le premier groupe mondial de médias, Time Warner. On peut craindre sur ce terrain les bulles spéculatives auxquelles peuvent donner naissance tout à la fois les problèmes d'évaluation de firmes dont les actifs sont intangibles, et les phénomènes mimétiques propres aux marchés financiers. Les valorisations des sites (Google rachetant le site de partage de vidéos YouTube) et des moteurs de recherche (Yahoo, Google) sur Internet attestent de ce phénomène.

Droit de la concurrence et droit d'auteur

Parce que le DPI octroie un monopole juridique, de nombreux économistes l'analysent comme une réglementation opposée au droit de la concurrence qui cherche justement à défaire les monopoles. C'est surtout en matière de brevets que la question a pu se poser, soit sur le plan éthique (question notamment des brevets sur des médicaments indispensables à des pays dans lesquels se pose le problème de la solvabilité de la demande, ou encore des brevets sur le vivant), soit sur le plan économique (prix de monopole inefficients et course à l'accumulation de brevets préjudiciable à des investissements d'une autre nature). La question de la régulation, par le biais du droit de la concurrence, des monopoles résultant de l'accumulation de DPI se pose aussi dans le champ des activités culturelles, même s'il convient de garder à l'esprit qu'un monopole juridique ne confère pas automatiquement le pouvoir de marché d'un monopole économique (*cf.* chapitre I), et même si les autorités de la concurrence ont pour principe de sanctionner non le pouvoir de monopole mais l'abus de ce pouvoir (prix prédateurs, contrats d'exclusivité pour fermer un marché, ventes liées, etc.). Les fusions entre entreprises détentrices de droits sont minutieusement analysées par les autorités de la concurrence et le marché des droits est considéré comme un des marchés pertinents du secteur du livre par exemple, c'est-à-dire un marché comprenant des éléments interchangeables ou substituables en raison de leurs caractéristiques, de leur prix et de l'usage auquel ils sont destinés. C'est notamment l'analyse de la position respective des entreprises sur le marché des droits qui a conduit à des décisions de justice refusant des fusions (cas de la fusion Sony-BMG, d'abord acceptée en

2004 puis remise en question par la Cour de justice de Luxembourg en 2006) ou donnant des signaux assez clairs du refus à venir pour que les parties renoncent à l'opération (cas du rachat d'une partie des actifs éditoriaux d'Editis par Lagardère en 2003).

Parmi les cas les plus intéressants où les deux catégories de droit se sont confrontées, Landes et Posner [2003] mentionnent l'affaire Broadcast Music, Inc. *versus* Columbia Broadcasting System, Inc. (1979) : la Cour suprême jugea que les licences légales négociées par les sociétés d'auteurs dans le domaine musical, qui permettaient à celui qui avait payé un tarif forfaitaire de puiser dans le répertoire autant de fois qu'il le souhaitait pendant un temps requis, violaient les lois antitrust en éliminant la compétition par les prix. La restriction de la compétition avait pour effet positif d'accroître le bien-être social (en réduisant les coûts des transactions), et rien n'interdisait à un auteur de négocier un accord indépendant de la société d'auteurs. Les deux arguments suffisaient à justifier l'existence de licences, qu'une analyse en termes d'antitrust avait conduit à éliminer.

L'application de la théorie des facilités essentielles à la propriété intellectuelle

En France, un rapport du Conseil supérieur de la propriété littéraire et artistique [CSPLA, 2004] relevait prudemment que « le droit de la concurrence ne met pas en cause la possibilité reconnue aux titulaires des droits de propriété littéraire et artistique d'exercer leurs droits patrimoniaux et économiques dans toutes leurs dimensions et comme ils l'entendent », mais, reconnaissait-il, « dans la limite d'un "exercice légitime" qui ne fausse pas artificiellement le jeu de la concurrence ». Pourtant, certaines décisions de justice ont remis en question la propriété intellectuelle en assimilant la ressource qu'elle protège à une infrastructure (ou facilité) essentielle.

La doctrine des « facilités essentielles », née dans le droit antitrust américain, a été transposée en droit communautaire et en droit français de la concurrence ; elle s'applique lorsqu'une entreprise contrôle une installation (infrastructures, biens, services) qui ne peut être recréée par des moyens raisonnables et dont l'accès est indispensable à ses concurrents pour exercer sur le marché concerné. Selon cette théorie, une entreprise qui détient une position dominante dans la mise à disposition de facilités indispensables pour la fourniture de biens ou services abuse de cette position lorsqu'elle refuse l'accès à ces facilités sans justification objective. L'application de cette théorie par les tribunaux permet d'imposer au propriétaire d'une facilité d'en ouvrir l'accès à d'autres opérateurs, s'il est avéré que des solutions alternatives ne peuvent être trouvées et que cet accès est la condition du libre jeu de la concurrence. Plusieurs conditions doivent être remplies pour que la maîtrise d'une facilité essentielle soit traitée en abus de position dominante. Il faut notamment que le refus de l'accès empêche l'apparition d'un produit nouveau pour lequel il existe une demande potentielle et exclue toute concurrence sur un marché dérivé. L'exclusion de la facilité ne concerne pas seulement les cas où l'entreprise s'en réserve l'usage, mais aussi les situations où elle signe un contrat exclusif avec un fournisseur en aval, et celles où elle accorde des licences discriminatoires.

La question des facilités essentielles se pose en droit d'auteur lorsque celui-ci permet d'ériger une barrière à l'entrée pour des firmes qui souhaitent utiliser des données ou des informations indispensables à la production d'un bien ou d'un service. C'est en 1995, avec l'arrêt Magill, que la Cour de justice des Communautés européennes fait entrer cette théorie dans le droit de la concurrence européen sur une question ayant trait à la propriété intellectuelle (des décisions avaient été prises qui reposaient sur la théorie des facilités essentielles dès 1992, mais elles concernaient d'autres domaines d'activité). La Cour enjoignait plusieurs chaînes de télévision irlandaises de fournir l'information sur leurs grilles de programmes à la société Magill TV Guide Lt, éditrice d'un magazine de télévision. Les chaînes disposaient d'un monopole de fait sur cette information, qui constituait une facilité essentielle à l'entrée sur le marché des magazines de télévision. La Cour avait considéré qu'en l'absence de magazine édité par les chaînes, l'utilisation de la propriété intellectuelle pour refuser d'accorder des informations sur la grille de programmes constituait un abus de position dominante et une perte pour le consommateur. Consciente de toucher un terrain délicat, la Cour avait tenu à préciser que l'application de la théorie des facilités essentielles au droit d'auteur ne pouvait être justifiée que par des « circonstances exceptionnelles ».

En 2001, la Cour de cassation a à son tour appliqué la théorie des facilités essentielles aux pratiques de France Télécom en matière de commercialisation de fichiers d'abonnés, considérant qu'il y avait abus du droit de propriété intellectuelle par imposition d'un prix excessif pour l'accès à une base de données constitutive d'une ressource essentielle pour des opérateurs exerçant une activité concurrentielle. En revanche, en 2005, cette même Cour a cassé un arrêt de la cour d'appel de Paris faisant suite à une décision du Conseil de la concurrence ayant enjoint, à titre conservatoire, aux Nouvelles Messageries de la presse parisienne (NMPP) d'accorder aux Messageries lyonnaises de presse (MLP) un accès à un logiciel créé par les NMPP, dans des conditions économiques équitables. L'arrêt reposait sur l'abus de position dominante détenue par les NMPP sur le marché de la « distribution de presse au numéro » : en refusant l'accès à leur logiciel, qui permet aux dépositaires de presse de suivre la distribution de la presse par les marchands de journaux, les NMPP faisaient un usage abusif d'une « facilité essentielle ». Mais, parce que les MLP avaient admis qu'il leur était possible de concevoir un logiciel équivalent à celui des NMPP, la Cour de cassation n'avait pas suivi la décision de la cour d'appel. Dans le domaine du cinéma, on peut analyser l'exclusivité accordée en matière de droits d'exploitation comme à l'origine d'une moindre distribution des films, laquelle affecte le bien-être collectif. On notera ainsi qu'en 1998 le Conseil de la concurrence a mis fin, considérant qu'il y avait abus de position dominante, au fait que Canal + impose aux producteurs, en échange du préachat des droits de diffusion, le renoncement à céder à un autre opérateur, pour le paiement à la séance, les droits de diffusion télévisuelle de leurs films. De même, en 1999, le Conseil avait mis un coup d'arrêt au fait que TF1 réserve à ses filiales, pendant cinq ans, le droit d'exploitation par vidéogrammes des films coproduits par TF1.

Une utilisation à mauvais escient du concept de facilité essentielle peut porter abusivement atteinte aux droits du titulaire de la ressource concernée et avoir un impact négatif sur la création. L'application de cette doctrine au droit d'auteur peut revenir à poser le principe que le titulaire de droit en position dominante est tenu d'aider des tiers à lui faire concurrence en mettant à leur disposition des moyens chèrement acquis.

Le droit de la concurrence n'a pas pour vocation de corriger tous les « abus » réels ou supposés d'un système de droits d'auteur en quête d'un nouvel équilibre ; en effet, les procédures en droit de la concurrence sont lourdes et les abus ou ententes illicites difficiles à établir [Dumont, 2004].

Les contours du domaine public

L'allongement de la durée des droits, une tendance sans limite ?

La durée des droits conditionne le moment du basculement entre la nécessité de la protection et l'appartenance au domaine public. Harmonisée par une directive de 1993, cette durée a été portée dans les pays de l'Union européenne à soixante-dix ans après la mort de l'auteur et à cinquante ans après la première communication au public de l'œuvre pour les artistes et interprètes, s'alignant ainsi sur la législation des pays les plus protecteurs. Dans certains secteurs, compte tenu de ces délais, la mise à disposition du public est particulièrement lointaine. Plus d'un siècle après l'invention des médias enregistrés, presque aucun document sonore ou image animée ne fait partie du domaine public. Même les films de Georges Méliès (produits entre 1896 et 1920) en sont toujours exclus. Pour les œuvres de collaboration, il faut attendre soixante-dix années après le décès de *tous* les auteurs pour que l'œuvre rejoigne le domaine public.

Lawrence Lessig [2004] met en évidence le poids des lobbies et en particulier de la MPAA dans la défense et l'extension du copyright aux États-Unis. Un des épisodes les plus connus de la pression des industries culturelles soucieuses de maintenir des barrières à l'entrée le plus longtemps possible se déroule en 1998. Le groupe Disney, inquiet du passage au domaine public de certains des personnages inventés par Walt Disney, fait alors pression sur le Congrès pour faire adopter une extension de la durée des droits, ce qui sera appelé le *Sonny Bono Act Copyright Term Extension Act*, du nom du député — ex-chanteur de variétés — qui porta initialement l'affaire devant le Congrès. La pression fut assez forte pour que l'on surnomme la loi le *Mickey Mouse Protection Act.* Selon un rapport du Congrès, pour la seule année 1997, la valeur des droits d'auteur produits par les 3,35 millions d'œuvres littéraires, musicales et audiovisuelles créées entre 1923 et 1942, s'élevait à 317 millions de dollars ; l'enjeu économique était d'éviter que ces œuvres ne tombent dans le domaine public.

La durée très longue de la protection n'a qu'une lointaine filiation avec la figure généreuse de défense des auteurs de Beaumarchais. L'allongement de la durée relève de la prévalence d'une logique économique fondée sur l'intérêt bien compris des investisseurs. En effet, une fois les coûts de production couverts, la durée de protection constitue une source du dégagement d'une rente de monopole. Un cas bien connu illustre la question. Eric Eldred était devenu célèbre, à partir de 1995, en rendant accessible une bibliothèque en ligne d'œuvres du domaine public et d'œuvres dérivées de ces dernières, avant que la loi américaine de 1998 n'étende la durée de la protection de manière rétroactive. L'affaire fut portée devant les tribunaux (Eldred *versus* Ashcroft) et la Cour suprême des États-Unis refusa de trancher en sa faveur en 2003, malgré les analyses de dix-sept économistes, dont cinq prix Nobel, qui défendaient l'idée que l'extension de la durée du copyright ne créait pas d'incitations à la création mais correspondait seulement à l'attribution de rentes.

L'évaluation de l'impact économique de l'allongement de la durée de protection passe par une comparaison entre les coûts liés à la sous-utilisation de l'œuvre et les coûts liés à la moindre incitation à la production. Le passage des œuvres de Marcel Proust ou de James Joyce dans le domaine public a été l'occasion de la publication par nombre d'éditeurs de ces œuvres majeures jusqu'alors soustraites à leur reprise par d'autres que leurs éditeurs initiaux. Réciproquement, c'est la violation de la protection et la diffusion sur Internet et sans autorisation d'œuvres protégées qui conduit Google à un conflit ouvert avec nombre d'éditeurs (*cf.* encadré).

Deux arguments plaident en faveur d'une limitation de la durée et du basculement précoce dans le domaine public : les coûts de la recherche des auteurs ou de leurs ayants droit et surtout les effets négatifs de la possibilité de jouir de profits de monopoles, avec les comportements de recherche de rentes qui s'y rattachent. Pour certains, les multiples extensions de la durée des droits empêchent des œuvres de tomber dans le domaine public au profit des intérêts des grandes firmes gestionnaires de l'essentiel des catalogues et au détriment de la liberté d'accès à la culture et à la connaissance [Litman, 2001 ; Halbert, 1999]. Arnold Plant, ardent contempteur du copyright, souligne que, s'il n'est pas possible de l'abolir pour des raisons historiques, il devrait être limité à une période de trois à cinq années, au cours de laquelle l'essentiel des ventes est réalisé. Plus radicalement encore, William Landes et Richard Posner [2003] proposent de substituer au système actuel, non une extension uniforme de la durée de protection, jugée déjà trop longue, mais un système dans lequel, comme pour les brevets, existeraient des périodes de protection courtes mais renouvelables indéfiniment à partir du moment où le titulaire qui se serait fait enregistrer auprès d'une institution centralisatrice accepterait de payer pour ce renouvellement. La durée moyenne du copyright serait plus courte que dans le système actuel, le copyright des œuvres à faible potentiel commercial n'étant pas renouvelé, ce qui contribuerait à la fois à une extension du domaine public et à une exploitation plus efficace des œuvres encore protégées.

Le domaine public payant

Les droits d'auteur sont donc temporaires ; à la fin de la période de protection, définie par la législation de chaque pays, les œuvres peuvent être utilisées gratuitement et librement. Maintenir cette liberté tout en remettant en cause la gratuité, tel est l'enjeu du *domaine public payant*. L'hypothèse d'un domaine public payant au profit des auteurs vivants avait été défendue par Victor Hugo dès 1878 qui proposait un dispositif de redevance, à payer par l'éditeur sur la base des profits engrangés, qui aurait abondé un fonds destiné à venir en aide aux jeunes auteurs ou aux auteurs en difficulté. En 1936, Jean Zay, ministre de l'Éducation nationale et des Beaux-Arts du Front populaire, proposa de créer un domaine public payant. Son projet de loi cristallisa l'hostilité des éditeurs, Bernard Grasset symbolisant à lui seul cette opposition. Le débat, interrompu par la guerre, posait de façon étonnamment moderne la question de la part respective de la sphère publique et de la sphère privée. Vingt ans plus tard, la loi du 26 février 1956 établissait un domaine public payant de quinze ans à expiration du droit d'auteur au profit des jeunes auteurs ; il fut supprimé en 1975. D'autres expériences ont été menées en Afrique et en Asie. Mais les régimes juridiques instaurant un domaine public payant sont restés géographiquement et historiquement très limités. Ce système théoriquement séduisant visant à faire financer une partie de la culture vivante par les auteurs du patrimoine ne fait plus guère l'objet de débats, alors qu'il avait irrigué la question

Google Book Search : bibliothèque d'Alexandrie à échelle numérique ou cauchemar des ayants droit ?

Créé en 1998 en Californie par deux jeunes informaticiens, Google a connu une croissance exponentielle, parallèlement au développement de l'Internet grand public. La firme, premier moteur de recherche au monde, a graduellement développé des dizaines d'applications et de services gratuits et populaires : cartographie, informations ou imagerie. En 2004, Google lance un projet ambitieux, Google Print, rebaptisé Google Book Search (GBS) fin 2005, opération de numérisation d'une quinzaine de millions de livres afin de mettre en place une vaste bibliothèque numérique à partir du fonds de trois grandes bibliothèques universitaires américaines (puis d'autres, signataires d'un accord avec le groupe).

Quelle est l'économie du projet ? GBS apparaît comme un produit de consolidation du métier de Google, celui de médiateur informationnel. En favorisant la diffusion, il crée un effet d'appel pour les recettes publicitaires, consolide la marque et conforte son pouvoir d'attraction. Même si les ouvrages numérisés sont mis gratuitement à disposition de l'internaute, l'entreprise vise le développement de ses services et de sa valeur. Parce que Google dispose d'un panel d'informations sans précédent sur les internautes *via* leurs recherches, leurs mails, leurs achats en ligne, la firme suscite de multiples craintes concernant l'utilisation que des États ou des particuliers pourraient faire de ces informations s'ils en disposaient.

Sur l'aspect spécifique du projet GBS, la firme a subi de violentes attaques. Certes, le lecteur peut se réjouir de trouver à sa disposition, à coûts de recherche et de déplacement réduits, un savoir immédiatement disponible. L'auteur dont le livre n'est pas encore dans le domaine public mais n'est plus disponible, récupère un gain en notoriété. Mais aux États-Unis comme en Europe, des éditeurs ont décidé d'attaquer Google en justice pour violation de la propriété intellectuelle lorsque sont numérisés des textes qui n'appartiennent pas au domaine public.

de l'accès aux œuvres dès la fin du XVIIIe siècle. Quels en sont les avantages et les inconvénients sur le plan économique ?

D'un côté, le domaine public payant représente une ressource nouvelle pour les auteurs et peut constituer une alternative à l'allongement de la durée des droits, moins favorable à une juste rémunération puisqu'elle n'a d'effets que sur la rémunération des héritiers et des producteurs. Pour le consommateur final, l'effet de l'institution du domaine public payant pourrait être neutre : alors qu'en théorie l'extinction du droit d'auteur conduit à l'accès libre et gratuit aux œuvres, cet accès demeure soumis à l'acquittement d'un prix presque inchangé, du moins pour des supports comme le livre ou le disque, en raison de la persistance de coûts de distribution importants et de la

Les livres numérisés sont pour la plupart épuisés, ou à rotation lente, et, pour nombre d'entre eux, les auteurs ont disparu ou sont difficiles à trouver. C'est l'argument qu'avance Google pour justifier sa méthode : retrouver les auteurs est trop coûteux, et il est plus simple que les éditeurs signalent eux-mêmes les livres dont ils ne souhaitent pas qu'ils soient scannés. C'est le système de l'*opt out*. La charge de retrouver les auteurs et celle de dresser la liste de ce qui peut être numérisé ou non est ainsi externalisée par Google et transférée aux maisons d'édition. Dans l'attente d'un règlement des cas litigieux, et pour la plupart des ouvrages encore protégés, Google propose la table des matières et quelques extraits. Certains éditeurs, comme Feltrinelli en Italie et Oxford University Press, ont donné leur accord. Dans ce cas, un lien avec des sites de vente de livres est proposé. Pour la plupart des autres éditeurs, il y a violation du droit d'auteur.

Dans un livre paru sous le titre *Quand Google défie l'Europe*, Jean-Noël Jeanneney [2005], président de la Bibliothèque nationale de France, s'inquiétait du pouvoir de hiérarchisation d'un moteur de recherche dont la logique demeure marchande et non culturelle, ainsi que de la domination de la langue anglaise. Il proposait une riposte menée de concert avec les autres bibliothèques européennes. Malgré les craintes suscitées, la prise en charge des énormes coûts de numérisation par Google (on évoque un budget de 150 à 200 millions de dollars, et de 200 à 250 millions d'euros pour la bibliothèque européenne) rend cependant difficile d'envisager de façon efficace la mise en œuvre de projets concurrents sur des bases publiques. La France prévoit de numériser entre 150 000 et 200 000 livres par an pour une dépense de 8 à 15 millions d'euros. Un Google créé par la France, pétri de contraintes administratives et financières, comporte également un risque, celui de se transformer en un nouveau « plan calcul », symbole d'échecs répétés. Si, en 2006, toutes les bibliothèques nationales de l'Union européenne, à l'exception de celles du Portugal et de la Grande-Bretagne, ont rallié le projet, les investissements envisagés et l'accord sur les fonds numérisés demandent à être précisés.

péréquation effectuée par les éditeurs entre ventes du fonds non soumis à droits et ventes de titres encore sous protection. Reste la question importante de l'accès aux œuvres du domaine public pour un producteur ou un éditeur indépendants spécialisés dans les rééditions, pour des institutions publiques comme les bibliothèques, ou encore pour des pays en développement. Leur situation ne peut être traitée de la même manière que celle de firmes multinationales, comme Disney, lorsqu'elles mettent en chantier des exploitations commerciales d'œuvres du patrimoine.

Le domaine public payant pose donc de nombreuses questions non résolues. Compte tenu de la place relativement marginale du domaine public dans l'ensemble des œuvres exploitées à des fins commerciales, cette mesure permettrait-elle d'engendrer autre chose que des sommes dérisoires ? Le paiement doit-il être perpétuel ou limité dans le temps, instaurant une zone frontière entre une durée réduite des droits d'auteur et un domaine public non payant ? Il s'agit cependant d'une piste intéressante dans la perspective de constitution d'un fonds de solidarité culturelle financé par des ressources plus stables que des subventions publiques ou du mécénat.

Le droit sur les images. La menace de privatisation de l'espace public

Il convient de distinguer le droit à l'image, qui a trait à la protection de la vie privée et des personnes, du droit sur les images, qui relève du droit d'auteur, l'image étant traitée comme une œuvre de l'esprit, ce qui emporte diverses incidences économiques. Une affaire l'illustre. Les deux artistes Daniel Buren et Christian Drevet attaquent en justice quatre éditeurs de cartes postales pour avoir commercialisé, sans leur autorisation et sans mentionner leur nom au dos des cartes, des images de la place des Terreaux à Lyon, qu'ils avaient récemment aménagée. La Cour de cassation les a déboutés en mars 2005, considérant que le réaménagement constitue certes une « œuvre en soi », mais que cette œuvre « se fondait dans l'ensemble architectural de la place des Terreaux, dont elle constituait un simple élément ». Comment comprendre alors que l'image de la pyramide du Louvre donne lieu à rémunération ? La pyramide prévaudrait sur le bâtiment ancien ? Est-il légitime que la tour Eiffel puisse être photographiée de jour, car elle appartient au domaine public, mais qu'elle donne lieu la nuit à paiement parce que son éclairage est protégé ? Pourquoi faut-il payer pour une photographie destinée à une carte postale de la basilique Saint-Denis (760 euros) ? Pourquoi un éditeur dispose-t-il de l'exclusivité des images du viaduc de Millau dessiné par l'architecte britannique Norman Foster ? Le paiement ne conduit-il pas les réalisateurs de fictions télévisuelles à éviter de filmer les lieux dont la redevance pour image serait trop élevée ? Et n'est-ce pas priver le téléspectateur tout en rémunérant des artistes et architectes déjà payés, souvent sur fonds publics, pour leurs créations ?

Les musées, qui ont la charge de conserver le patrimoine, sont enclins à tenter de se réserver les revenus qu'ils peuvent tirer des produits dérivés de ce patrimoine. Si les textes de loi indiquent clairement que les établissements publics ne peuvent interdire à

Du droit à l'image au droit d'auteur. Le cas du film documentaire *Être et Avoir*

En 2002, le film documentaire *Être et Avoir* sort sur les écrans français. Le réalisateur, Nicolas Philibert, a filmé durant dix semaines une classe unique composée d'élèves de 4 à 11 ans. L'instituteur, devant le succès du film, et alors qu'il n'avait pas été rémunéré pour le tournage, se retourna en justice contre le réalisateur. Les demandes de l'instituteur furent rejetées en première instance comme en appel. Dans son arrêt du 29 mars 2006, la cour d'appel considérait que l'originalité n'était pas démontrée, le cours relevant de l'exercice normal des compétences de l'enseignant. La cour arguait que l'instituteur ne pouvait faire valoir de droit d'auteur sur l'œuvre, car son intervention ne tenait qu'aux circonstances du tournage (présence d'enfants, mission de service public de l'enseignant) et n'affectait pas la composition de l'œuvre (plan du tournage, choix des images et du cadrage). La cour rejetait de même d'éventuels droits voisins d'artiste-interprète, bien que certaines scènes « purement fictionnelles » (interviews et ajouts documentaires) aient été tournées à la demande du réalisateur. L'instituteur arguait enfin que le film était destiné à une diffusion au sein de l'Éducation nationale, non commerciale, mais la cour avait considéré qu'il y avait eu consentement « tacite mais non équivoque » pour les exploitations commerciales. L'affaire posait la question du droit sur les images et de l'identification des auteurs dans les films documentaires. Une solution retenue par la SCAM consiste en un défraiement, considéré comme un droit d'auteur, dans les cas exceptionnels où l'image occupe une place essentielle à l'œuvre. Si le principe est intéressant, on aperçoit les litiges potentiels, tant l'appréciation de l'importance de l'image au sein de l'œuvre et celle de la rémunération afférente peuvent être subjectives.

des éditeurs privés d'accéder aux œuvres, la pratique montre que tel n'est pas toujours le cas. Pour les œuvres qui ne sont pas dans le domaine public, l'autorisation de l'artiste ou de ses ayants droit est requise. Dans le cas des œuvres de Brancusi, léguées par le sculpteur à l'État français et déposées au Musée national d'art moderne, le musée avait tiré des moulages alors que les droits d'exploitation demeuraient entre les mains des ayants droit. Détenir une œuvre ne saurait en effet suffire à en tirer des recettes d'exploitation. Quant à la reproduction des œuvres appartenant au domaine public, elle ne devrait pas nécessiter d'autorisation, mais les enjeux économiques sont assez forts pour que s'expriment « les prétentions des divers détenteurs d'œuvres tels que les musées, qui ne craignent pas de charger la barque par des revendications aux fondements juridiques parfois incertains » [Lucas, 1996, p. 136]. Aux États-Unis, un jugement de 1998 (Bridgeman Art Library *versus* Corel Corp.) interdisant aux musées de réclamer des copyrights sur des photographies d'œuvres appartenant au domaine public, créa une grande émotion dans le monde de la conservation, qui s'inquiétait d'un futur manque à gagner essentiel au financement des institutions.

La tragédie des anti-communaux

La tragédie des *commons* désigne la destruction progressive des ressources, lorsqu'elles sont librement à disposition de tous et qu'aucun droit exclusif ne leur est associé [Hardin, 1968]. Elle conclut à la nécessité de réglementer et de privatiser l'usage de ces ressources. L'usage des œuvres tombées dans le domaine public peut produire des externalités négatives. C'est le cas lorsqu'il y a congestion ou encombrement, et que, par exemple, trop d'agents économiques souhaitent s'emparer d'une image à des fins publicitaires. On pourrait ainsi arguer que les marques de produits laitiers qui font usage de reproductions de tableaux de Vermeer contribuent à l'épuisement de leur usage potentiel à des fins publicitaires.

La situation inversée de la surexploitation des ressources épinglée par la tragédie des *commons* est leur sous-utilisation liée au morcellement de la propriété intellectuelle. Celle-ci fut mise en évidence par Michael Heller et Rebecca Eisenberg [1998] dans le domaine des brevets sous le nom de tragédie des *anti-commons* ou « anti-communaux ». Lorsque plusieurs propriétaires disposent d'un droit d'exclusion, ils restreignent l'accès aux ressources communes. Ce résultat confirme la supériorité d'un monopole unique par rapport à une chaîne de monopoles démontrée par Cournot en 1838. Ainsi, pour utiliser une technologie qui repose sur deux brevets détenus par deux inventeurs différents, les entreprises doivent obtenir une licence auprès de chacun, ce qui renchérit les coûts par rapport à une situation où il n'y aurait qu'un inventeur. Heller et Eisenberg l'appliquent au cas des recherches scientifiques académiques, freinées par le dépôt de brevets qui entravent l'usage des résultats indispensables à de nouvelles avancées. Wendy Gordon [2003] montre comment la tragédie des « anti-communaux », dans laquelle la multiplication des revendications privées aboutit à une utilisation et à des bénéfices de la ressource commune trop faibles pour la collectivité, s'applique au copyright. Par exemple, le risque est désormais élevé que les firmes tentent d'extraire le plus de rentes possible des bases de données (protégées par le droit d'auteur ou le copyright lorsqu'elles sont originales) et menacent d'érosion la recherche publique dans certains domaines, à l'instar de la géologie, de la climatologie ou de l'océanographie. Des formes de protection excessives peuvent ainsi conduire à des pertes de bien-être social de toutes sortes [Depoorter et Parisi, 2002 ; Elkin-Koren, 1998].

Partagée entre la volonté de mise à la disposition de tous des biens culturels et la protection de rentes lorsqu'elles sont considérées comme légitimes, l'application du droit d'auteur ne cesse d'évoluer au fil des décisions de justice, des pressions des acteurs sociaux, et des logiques de globalisation ; la construction de ce droit par sédimentations successives, dans un jeu permanent d'adaptations et de réaménagements, doit beaucoup, pour le meilleur et aussi parfois pour le pire, à des considérations fondées sur le raisonnement économique. Entre la tragédie des anti-communaux et le besoin de protéger la création et l'innovation, la porte semble bien étroite.

Conclusion

Le développement de l'analyse économique du droit d'auteur est à la hauteur des enjeux qu'il revêt ; il témoigne aussi de l'importance grandissante de l'analyse des incidences économiques des règles de droit, visible jusque dans les cours de justice. Mais, tout autant que l'analyse économique, l'histoire compte en matière de droit d'auteur. En 1958, l'économiste Fritz Machlup formulait une remarque à propos des brevets qui pourrait tout aussi bien s'appliquer au droit d'auteur : « Si nous n'avions pas mis en place un système de brevets, il serait irresponsable, sur la base de ce que nous savons de ses conséquences économiques, de préconiser son instauration. Mais, puisque nous disposons d'un tel système depuis de nombreuses années, il serait tout aussi irresponsable sur la base de nos connaissances actuelles de préconiser son abolition » [1958, p. 80]. Le numérique conduit aujourd'hui à redéfinir un compromis social instable par nature. La crispation des débats autour d'une opposition simplificatrice et démagogique entre consommateurs dont le niveau de la disposition à payer pour les biens culturels ne cesserait de décliner et exigences de rentabilité des industriels masque les véritables enjeux de ce qui constitue les fondements de ce droit : la protection des auteurs et l'accès libre aux œuvres dans une perspective d'intérêt collectif. Une des grandes questions soulevées est en effet celle des critères qui doivent présider à la définition du juste équilibre entre espace public et espace privé. La juriste Valérie-Laure Benabou analyse le droit d'auteur comme un « mal nécessaire », comme une condition indispensable de l'accomplissement de l'objectif premier, la promotion de la création : « La destination naturelle de l'œuvre est le domaine public, le monopole temporaire une parenthèse » [2002, p. 53]. Autour de la propriété intellectuelle se joue la bataille des nouvelles formes d'appropriation privée des connaissances et des frontières mouvantes entretenues avec le domaine à la libre disposition du public. Au-delà de la question essentielle de la durée des droits, point d'équilibre entre incitations économiques et intérêt général, on peut considérer que d'autres formes, qu'il s'agisse d'un domaine public voulu par le législateur à travers des exceptions dont les finalités peuvent être diverses ou d'un « domaine public consenti » [Sirinelli, 2006] par les ayants droit sur le modèle des logiciels libres, participent à la constitution d'un vaste ensemble de patrimoine culturel accessible à tous. L'élargissement du droit d'auteur vers de nouveaux territoires, alors même qu'il est menacé de toutes parts, est un paradoxe auquel aucun analyste ne saurait échapper. Cela pose la question des effets pervers à venir de la tentation de trop tirer le droit d'auteur vers des fonctions qui ne sont pas les siennes. À trop vouloir en élargir le champ, ne risque-t-on pas d'en ruiner le sens ?

Repères bibliographiques

ALONSO J. et WATT R. (2003), « Efficient distribution of copyright income », *in* GORDON W.J. et WATT R. (dir.), *The Economics of Copyright*, Cheltenham, Edward Elgar, p. 81-103.

ANDERSON C. (2004), « The long tail », *Wired*, octobre.

ARROW K. (1962), « Economic welfare and the allocation of resources for invention », *in* NELSON R. (dir.), *The Rate and Direction of Inventive Activity : Economic and Social Factors*, Princeton, Princeton University Press, p. 609-626.

BELL T.W. (1998), « Fair use *versus* fared use : the impact of automated rights managements on copyright's fair use doctrine », *North California Law Review*, vol. 76, p. 557-620.

BENABOU V.-L. (2002), « Puiser à la source du droit d'auteur », *RIDA*, n° 192, p. 3-109.

— (2004), « Mutualisation et droit d'auteur », *in* FARCHY J. (dir.), *Droit d'auteur et univers numérique : à la recherche d'un nouvel équilibre*, Paris, Rapport CNRS.

BENHAMOU F. (2002), *L'Économie du star-system*, Paris, Odile Jacob.

— (2004), « La création salariée, objet d'arrangements institutionnels hybrides », *Archives de philosophie du droit*, n° 48, p. 399-412.

BENHAMOU F. et GINSBURGH V. (2006), « Copies of artworks », *in* GINSBURGH V. et THROSBY D., *Handbook of the Economics of Art and Culture*, Amsterdam, North-Holland, p. 253-284.

BENHAMOU F. et VRIÈSE M. DE (2006), « Une analyse économique des réglementations sur le marché de l'art. L'effet du droit de suite sur les prix et la localisation des ventes », miméo.

BENKLER Y. (2002), « Coase's Penguin or Linux and the nature of the firm », *Yale Law Journal*, vol. 112, p. 1-73.

BESEN S. et KIRBY S. (1989), « Private copying, appropriability and optimal copyright royalties », *Journal of Law and Economics*, vol. 32, p. 255-280.

BESEN S., KIRBY S. et SALOP S. (1992), « An economic analysis of copyright collectives », *Virginia Law Review*, vol. 78, p. 383-411.

BESEN S. et RASKIND L. (1991), « An introduction to the law and economics of intellectual property », *The Journal of Economic Perspectives*, vol. 5, nº 1, hiver, p. 3-27.

Bettig R. (1996), *Copyright Culture*, Colorado, Westview Press.

Boldrin M. et Levine D. (2004), « The case against intellectual monopoly », *International Economic Review*, vol. 45, nº 2, p. 327-350.

Bomsel O. (2004), *Enjeux économiques de la distribution des contenus*, étude RIAM, Contango, Cerna.

Bomsel O. et Geffroy A.G. (2006), « DRMs, innovation and creation », *Communications et Stratégies*, nº 62.

Bounie D., Bourreau M. et Waelbroeck P. (2005), « Pirates or explorers : analysis of music consumption in French graduate schools », miméo, Paris, ENST.

Breyer S. (1970), « The uneasy case for copyright : a study of copyright in books, photocopies and computer programs », *Harvard Law Review*, vol. 84, p. 281-351.

Burk D.L. (2004), *Legal Land Technical Standards in Digital Rights Management Technology*, Working Paper, University of Minnesota.

Calabresi G. et Melamed A.D. (1972), « Property rules, liability rules and inalienability », *Harvard Law Review*, vol. 85, p. 1089-1128.

Chantepie P. et Le Diberder A. (2005), *Révolution numérique et industries culturelles*, Paris, La Découverte, « Repères ».

Chartier R. (2002), « Property and privilege in the republic of letters », *Daedalus*, printemps, p. 60-66.

Clark C. (1996) « The answer to the machine is in the machine », *in* Hugenholtz B. (dir.), *The Future of Copyright in a Digital Environment*, La Hague, Kluwer, p. 139-145.

Coase R. (1960), « The problem of social cost », *Journal of Law and Economics*, vol. 3, p. 1-44.

— (1972), « Durability and monopoly », *Journal of Law and Economics*, vol. 15, nº 1, p. 143-149.

Cohen J. (1998), « Lochner in cyberspace », *Mich Law Review*, vol. 97, p. 462-563.

Conner K. R et Rumelt R.P. (1991), « Software piracy, an analysis of protection strategies », *Management Science*, vol. 37, nº 2, p. 125-139.

Conseil supérieur de la propriété littéraire et artistique (2004), *Propriété littéraire et artistique et droit de la concurrence*, Paris, ministère de la Culture et de la Communication (document rédigé par P. Sirinelli et L. Vogel).

— (2005), *Distribution des œuvres en ligne*, Paris, ministère de la Culture et de la Communication (document rédigé par P. Sirinelli, J.A. Bénazéraf et J. Farchy).

Cornu M., Mallet-Poujol N. et Fromageau J. (2006), *Droit, œuvres d'art et musées*, Paris, CNRS Éditions.

Curien N. et Moreau F. (2006), *L'Industrie du disque*, Paris, La Découverte, « Repères ».

Dam K.W. (1999), « Self-help in the digital jungle », *Journal of Legal Studies*, vol. 28, nº 2, juin, p. 393-412.

David P. (1993), *Intellectual Property Institutions and the Panda's Thumb*, trad. « Le compromis du système d'organisation de la production intellectuelle », *Réseaux*, nº 88-89, 1998, p. 25-61.

De Broglie G. (2001), *Droit d'auteur et service numérique*, Académie des sciences morales et politiques, Paris, Institut de France.

DEMSETZ H. (1970), « The private production of public goods », *Journal of Law and Economics*, vol. 1, n° 2, p. 293-306.

DEPOORTER B. et PARISI F. (2002), « Fair use and copyright protection : a price theory explanation », *International Review of Law and Economics*, p. 453-473.

DUMONT B. (2004), « Droit d'auteur et droit de la concurrence, une articulation délicate », *in* FARCHY J. (dir.), *Droit d'auteur et univers numérique : à la recherche d'un nouvel équilibre*, Paris, Rapport CNRS.

DUSOLLIER S. (2005), *Droit d'auteur et protection des œuvres dans l'univers numérique*, Bruxelles, Larcier.

ECKERSLEY P. (2003), *The Economic Evaluation of Alternatives to Digital Copyright*, Serciac, www.serci.org.

EDELMAN B. (2004), *Le Sacre de l'auteur*, Paris, Seuil.

EINHORN M.A. (2004), *Media, Technology and Copyright. Integrating Law and Economics*, Cheltenham, Edward Elgar.

ELKIN-KOREN N. (1998) « Copyrights in cyberspace-rights without laws ? », *Chicago Kent Law Review*, p. 1155-1202.

FARCHY J. (2003), *Internet et le droit d'auteur*, Paris, CNRS Éditions.

— (2004), « P2P and piracy », *Review of Economic Research on Copyright Issues*, vol. 1, n° 2, décembre, p. 55-69.

— (dir.) (2004), *Droit d'auteur et univers numérique : à la recherche d'un nouvel équilibre*, Paris, Rapport CNRS.

— (2006), « L'analyse économique des fondements du droit d'auteur : une approche réductrice pourtant indispensable », *Propriétés intellectuelles*, n° 21, octobre, p. 388-395.

FARCHY J. et RANAIVOSON H. (2005), « DRMs : a new strategic stake for contents industries », *Review of Economic Research on Copyright Issues*, vol. 2, n° 2, décembre, p. 53-67.

FARCHY J. et ROCHELANDET F. (2002), « La remise en cause du droit d'auteur sur Internet : de l'illusion technologique à l'émergence de barrières à l'entrée », *Revue d'économie industrielle*, p. 49-64.

FINE M. (2000), *Soundscan Study on Napster Use and Loss of Sales*, www.riaa.com.

FISHER W. (2004), *Promises to Keep : Technology, Law and the Future of Entertainment*, Standford, Stanford University Press.

FRIEDMAN D. (1996), « A world of strong piracy », *Social Philosophy and Policy*, vol. 13, n° 2.

FRISON-ROCHE M.-A. et ABELLO A. (2005), *Droit et économie de la propriété intellectuelle*, Paris, LGDJ.

GALLAGHER T. (2002), « Copyright compulsory licensing and incentives », *in* TOWSE R. (dir.), *Copyright in the Cultural Industries*, Cheltenham, Edward Elgar, p. 85-98.

GAUTIER P.-Y. (2004), *Propriété littéraire et artistique*, Paris, PUF, 5e édition.

GAYER A. et SHY O. (2006), « Publishers, artists and copyright enforcement », *Information Economics and Policy*, vol. 18, p. 374-384.

GINSBURG J. (1999), « Essay : copyright and intermediate users' rights », *Columbia VLA JL and the Arts*, vol. 23, p. 67-73.

— (2005), « The economic consequences of *droit de suite* in the European Union », *in* TOWSE R. (dir.), *Recent Developments in Cultural Economics*, Cheltenham, Edward Elgar, 2007.

GOLDSTEIN P. (2001), *International Copyright Principles, Law and Pracice*, Oxford, Oxford University Press.

GORDON W. (1982), « Fair use as market failure : a structural and economic analysis of the Betamax case and its predecessors », *Columbia Law Review*, vol. 82, p. 1600-1657.

— (1992), « Asymetric market failure and prisoner's dilemna in intellectual property », *Dayton Law Review*, vol. 17, p. 853-869.

— (2003), « Intellectual property », *in* CAN P. et TUSHNET M., *The Oxford Handbook of Legal Studies*, Oxford, Oxford University Press, p. 618-646.

GORDON W., TAKEYAMA L. et TOWSE R. (dir.) (2005), *Developments in the Economics of Copyright*, Northhampton, Edward Elgar.

GORDON W.J. et WATT R. (dir.) (2003), *The Economics of Copyright*, Cheltenham, Edward Elgar.

GREFFE X. (2005), *Économie de la propriété artistique*, Paris, Economica.

HALBERT D.J. (1999), *Intellectual Property in the Information Age*, Londres, Quorum Books.

HANSMANN H. et SANTILLI M. (1997), « Authors' and artists' moral rights. A comparative legal and economic analysis », *Journal of Legal Studies*, vol. 26, n° 1, p. 95-143.

HARDIN G. (1968), « The tragedy of the commons », *Science*, vol. 162, p. 1243-1248.

HARDY I.T. (1988), « An economic understanding of copyright law's work-made-for-hire doctrine », *Columbia-VLA Journal of Law and the Arts*, vol. 12, p. 181-227.

HELLER M. et EISENBERG R.S. (1998), « Can patents deter inovation ? The anti-commons », *Science*, vol. 280, n° 5364, mai, p. 698-701.

HESSE C. (2002), « Intellectual property, 700 B.C.-A.D. 2000 », *Daedelus*, printemps, p. 26-46.

HIMANEN P. (2001), *L'Éthique hacker et l'esprit de l'ère de l'information*, Paris, Exils.

HOLLANDER A. (1984), « Market structure and performance in intellectual property : the case of copyright collectives », *International Journal of Industrial Organization*, vol. 2, p. 199-216.

HORN F. (2004), *L'Économie des logiciels*, Paris, La Découverte, « Repères ».

HUGENHOLTZ B. (1997), « Fierce creatures ; copyright exemptions : toward extinction ? », *in Rights, Limitations and Exceptions : Striking a Proper Balance*, conférence IFLA, Amsterdam, Imprimatur, octobre.

HUGO V. (1926), *Œuvres complètes*, « Actes et paroles », IV, *Depuis l'exil, 1876-1885*, Paris, Albin Michel.

HURT R. et SCHUCHMAN R. (1966), « The economic rationale of copyright », *American Economic Review*, mai, p. 421-432.

JEANCOLAS J.-P., MEUSY J.-J. et PINEL V. (1996), *L'Auteur du film, description d'un combat*, Arles, Actes Sud.

JEANNENEY J.-N. (2005), *Quand Google défie l'Europe*, Paris, Mille et une nuits.

JONHSON W.R. (1985), « The economics of copying », *Journal of Political Economy*, vol. 93, n° 1, p. 158-174.

KANCEL S. et RAYMOND M. (2004), « Le droit de suite et la protection sociale des artistes plasticiens », *Rapport* pour l'Inspection générale de l'administration des affaires culturelles.

Kaplan D. (2004), « Valorisation de contenus, vers de nouveaux modèles ? », *Nouveaux Dossiers de l'audiovisuel*, n° 1, septembre, p. 56-58.

Kawahara M. (1990), « Superdistribution : the concept and the architecture », *Transactions of the IECE*, E. 73, vol. 7, juillet, p. 1133-1146.

Kirat T. (1999), *Économie du droit*, Paris, La Découverte, « Repères ».

Kitch E.W. (2000), « Elementary and persistent errors in the economic analysis of intellectual property », *Vanderbilt Law Review*, vol. 53, p. 1727-1741.

Ku R. (2002), « The creative destruction of copyright : Napster and the new economics of digital technology », vol. 69, n° 4, *University of Chicago Law Review*, p. 263-305.

Lamberterie I. de (1998), « De l'incitation à la création au droit à la culture. Quelle dynamique pour les droits d'auteur aujourd'hui ? », *Réseaux*, n° 88-89, p. 77-90.

Landes W.M. et Litchman D. (2003), « Indirect liability for copyright infringement : Napster and beyond », *Journal of Economic Perspectives*, vol. 17, n° 2, p. 113-124.

Landes W.M. et Posner R.A. (2003), *The Economic Structure of Intellectual Property Law*, Cambridge, Belknap Press.

— (1989), « An economic analysis of copyright law », *Journal of Legal Studies*, vol. 18, p. 325-363.

Latournerie A. (2001), « Petite histoire des batailles du droit d'auteur », *Multitudes*, mai.

Lessig L. (2004), *Free Culture*, New York, The Penguin Press.

Lévêque F. et Ménière Y. (2003), *Économie de la propriété intellectuelle*, Paris, La Découverte, « Repères ».

Lewinski S. von (2003), « International copyright over the last 50 years. A foreign perspective », *Journal of the Copyright Society of the USA*, vol. 50, p. 581-604.

Liebowitz S. (2005), « Economists' topsy-turvy view of piracy », *Review of Economic Research on Copyright Issues*, vol. 2, n° 1, p. 5-17.

— (1985), « Copying and indirect appropriability : photocopying of journals », *Journal of Political Economy*, vol. 93, n° 5, p. 945-956.

Liebowitz S. et Watt R. (2006), « How to best ensure remuneration for creators in the market for music ? Copyright and its alternatives », *Journal of Economic Surveys*, vol. 20, n° 4, p. 513-545.

Litman J. (2001), *Digital Copyright*, Amherst, Prometheus Books.

Lucas A. (1996), « Multimédia et droit d'auteur », *in* Association française de télématique multimédia (AFTEL), *Le Droit du multimédia. De la télématique à Internet*, Paris, Éditions du Téléphone.

Lucas A. et Sirinelli P. (2006), « Droits d'auteur et droits voisins », *Propriétés intellectuelles*, n° 20, juillet, p. 297-339.

Machlup F. (1958), « An economic review of the patent system », *Study n° 15 of subcomm. on patents, trademarks and copyrights of the senate comm. on the judiciary*, 85e congrès.

Merges R. (1995), « The economic impact of intellectual property rights : an overview and guide », *Journal of Cultural Economics*, vol. 19, p. 103-117.

— (1996), « Contracting into liability rules : intellectual property rights and collective rights organizations », *California Law Review*, vol. 84, n° 5, p. 1293-1393.

MEURER M. (1997), « Price discrimination, personal use and piracy : copyright protection of digital works », *Buffalo Law Review*, vol. 45, p. 845-989.

NADEL M.S. (2002), *Questioning the Economic Justification for Copyright Law's Prohibition Against Unauthorized Copying*, draft, p. 1-50, www.ssrn.com.

NETANEL N.W. (2003), « Impose a non commercial use levy to allow free P2P file sharing », *Harvard Journal of Law and Technology*, vol. 17, n° 1, p. 1-84.

NORDHAUS W.D. (1969), *Invention, Growth and Welfare : a Theoretical Treatment of Technological Change*, Cambridge, MIT Press.

NOVOS I et WALDMAN M. (1984), « The effects of increased copyright protection : an analytic approach », *Journal of Political Economy*, vol. 92, n° 2, p. 236-246.

OBERHOLZER F. et STRUMPF K. (2004), *The Effect of File Sharing on Record Sales : an Empirical Analysis*, Chapel Hill, Harvard Business School/University of North Carolina, mars.

PARIS T. (2002), *Le Droit d'auteur, l'idéologie et le système*, Paris, PUF.

PEACOCK A. et WEIR R. (1975), *The Composer in the Market Place*, Londres, Faber.

PEITZ M. et WAELBROECK P. (2004), « The effect of internet piracy on music sales : cross section evidence », *Review of Economic Research on Copyright Issues*, vol. 1, n° 2, p. 71-79.

PIERRAT E. (2006), *La Guerre des copyrights*, Paris, Fayard.

PLANT A. (1934), « The economic aspects of copyright in books », *Economica*, vol. 1, p. 167-195.

POSNER R.A. (2005), « Intellectual property : the law and economic approach », *The Journal of Economic Perspectives*, vol. 19, n° 2, p. 57-73.

RAMELLO G. (2005), « Private appropriability and sharing of knowledge : convergence or contradiction ? The opposite tragegy of the creative commons », *in* GORDON W., TAKEYAMA L. et TOWSE R. (dir.), *Developments in the Economics of Copyright*, Northhampton, Edward Elgar.

RAYNA T. (2006) « iTunes *versus* Napster : selling or renting music online, which is the winner ? », Working Paper, University of Bristol.

ROCHELANDET F. (2003), « Are copyright collecting societies efficient organisations ? », *in* GORDON W. et WATT R. (dir.), *The Economics of Copyright*, Northampton, Edward Elgar, p. 176-197.

— (2004), « Le droit d'auteur en France : évaluation statistique », *in* FARCHY J. (dir.), *Droit d'auteur et univers numérique : à la recherche d'un nouvel équilibre*, Paris, Rapport CNRS.

ROCHET J.-C. et TIROLE J. (2003), « Platform competition in two sided markets », *Journal of the European Economic Association*, vol. 1, n° 4, p. 990-1029.

ROMER P. (2002), « When should we use intellectual property rights ? », *American Economic Review*, documents et actes, vol. 92, n° 2, p. 213-216.

ROSENBLATT B. (2003), *Integrating DRM with P2P Networks : Enabling the Future of Online Content Business Models*, 18 novembre, www.drmwatch.com.

RUSHTON M. (2001), « The law and economics of artists' inalienable rights », *Journal of Cultural Economics*, vol. 25, p. 243-257.

SAGOT-DUVAUROUX D. (2002), *La Propriété intellectuelle, c'est le vol. Pierre-Joseph Proudhon, les majorats littéraires*, Dijon, Les Presses du Réel.

SAMUDRALA R. (2000), « Philosophie de la musique libre », *in* BLONDEAU O. et LATRIVE F. (2000), *Libres Enfants du savoir numérique*, Paris, L'Éclat.

SAMUELSON P. (1954), « The pure theory of public expenditure », *Review of Economics and Statistics*, vol. 36, n° 4, p. 387-399.

— (2005), « Should economics play a role in copyright law and policy », in GORDON W., TAKEYAMA L. et TOWSE R. (dir.), *Developments in the Economics of Copyright*, Northhampton, Edward Elgar.

SCHLACHTER E. (1997), « The intellectual property renaissance in cyberspace », *Berkeley Technology Law Journal*, vol. 12, n° 1.

SHAPIRO C. et VARIAN H.R. (1998), *Information Rules*, Cambridge, Harvard Business School Press.

SHAVELL S. et VAN YPERSELE T. (2001), « Rewards *versus* intellectual property rights », *Journal of Law and Economics*, vol. 44, p. 525-547.

SHY O. et THISSE J.-F. (1999), « A strategic approach to software protection », *Journal of Economics and Management Strategy*, vol. 8, n° 2, p. 163-190.

SIRINELLI P. (dir.) (2006), *Droit des médias et de la communication*, Paris, Lamy.

SMIERS J. (2003), *Arts under Pressure*, Londres, Zed Books.

STRAHILEWITZ L.J. (2002), « Charismatic code, social norms, and the emergence of cooperation on the file-swapping networks », *John M. Olin Law and Economics Working Paper*, n° 162, University of Chicago, septembre.

STROWEL A. (1993), *Droit d'auteur et copyright*, Bruxelles, Bruylant/Paris, LGDJ.

TAKEYAMA L. (1994), « The welfare implications of unauthorized reproduction of intellectual property in presence of demand network externalities », *Journal of Industrial Economics*, vol. 42, n° 2, p. 155-166.

TOWSE R. (2001), *Creativity, Incentive and Reward*, Cheltenham, Edwar Elgar.

— (2006), « Copyright and artists : a view from cultural economics », *Journal of Economic Surveys*, vol. 20, n° 4, p. 567-583.

TRAN WASESCHA T. (2005), « L'accord sur les ADPIC : un nouveau regard sur la propriété intellectuelle », *in* FRISON-ROCHE M.A. et ABELLO A., *Droit et économie de la propriété intellectuelle*, Paris, LGDJ, p. 135-183.

VIVANT M. (dir.) (2004), *Propriété intellectuelle et mondialisation*, Paris, Dalloz.

WALVARENS N. (2005), *L'Œuvre d'art en droit d'auteur*, Paris, Economica.

WATT R. (2000), *Copyright and Economic Theory : Friends or Foes ?*, Cheltenham, Eward Elgar.

WEINSTEIN M. (1998), « Profit-sharing contracts in Hollywood : evolution and analysis », *Journal of Legal Studies*, vol. 27, p. 67-112.

WOODFIELD A.E. (2004), « When should the bell toll ? The economics of New Zealand's debate on indirect liability for internet copyright infringement », *Review of Economic Research on Copyright Issues*, vol. 1, n° 1, p. 119-149.

YOO C. (2005), « Towards a differentiated products theory of copyright », *in* GORDON W., TAKEYAMA L. et TOWSE R. (dir.) (2005), *Developments in the Economics of Copyright*, Northhampton, Edward Elgar.

ZENTNER A. (2006), « Measuring the effect of file sharing on music purchases », *Journal of Law and Economics*, vol. 49, n° 1, p. 63-90.

ZHANG M. (2002), *Stardom, Peer-to-peer and the Socially Optimal Distribution of Music*, MIT Working Paper, 26 novembre, web.mit.edu.

Table des matières

Collection

R E P È R E S

dirigée par

JEAN-PAUL PIRIOU (de 1987 à 2004), *puis par* PASCAL COMBEMALE,

avec STÉPHANE BEAUD, ANDRÉ CARTAPANIS, BERNARD COLASSE, FRANÇOISE DREYFUS, YANNICK L'HORTY, PHILIPPE LORINO, DOMINIQUE MERLLIÉ, CHRISTOPHE PROCHASSON, MICHEL RAINELLI et YVES WINKIN.

ÉCONOMIE

Aide publique au développement (L'), n° 476, Olivier Charnoz et Jean-Michel Severino.

Allocation universelle (L'), n° 412, Philippe Van Parijs et Yannick Vanderborght.

Balance des paiements (La), n° 359, Marc Raffinot et Baptiste Venet.

Bourse (La), n° 317, Daniel Goyeau et Amine Tarazi.

Budget de l'État (Le), n° 33, Maurice Baslé.

Calcul économique (Le), n° 89, Bernard Walliser.

Capitalisme financier (Le), n° 356, Laurent Batsch.

Capitalisme historique (Le), n° 29, Immanuel Wallerstein.

Chômage (Le), n° 22, Jacques Freyssinet.

Commerce international (Le), n° 65, Michel Rainelli.

Comptabilité nationale (La), n° 57, Jean-Paul Piriou.

Concurrence imparfaite (La), n° 146, Jean Gabszewicz.

Consommation des Français (La) :
1. n° 279 ;
2. n° 280, Nicolas Herpin et Daniel Verger.

Coût du travail et emploi, n° 241, Jérôme Gautié.

Croissance et richesse des nations, n° 419, Pascal Petit.

Démographie (La), n° 105, Jacques Vallin.

Développement soutenable (Le), n° 425, Franck-Dominique Vivien.

Développement économique de l'Asie orientale (Le), n° 172, Éric Bouteiller et Michel Fouquin.

Différenciation des produits (La), n° 470, Jean Gabszewicz.

Dilemne du prisonnier (Le), n° 451, Nicolas Eber.

Économie des changements climatiques, n° 414, Sylvie Faucheux et Haitham Joumni.

Économie bancaire, n° 268, Laurence Scialom.

Économie britannique depuis 1945 (L'), n° 111, Véronique Riches.

Économie de l'Afrique (L'), n° 117, Philippe Hugon.

Économie de l'éducation, n° 409, Marc Gurgand.

Économie de l'environnement, n° 252, Pierre Bontems et Gilles Rotillon.

Économie de l'euro, n° 336, Agnès Benassy-Quéré et Benoît Cœuré.

Économie française 2007 (L'), n° 463, OFCE.

Économie de l'innovation, n° 259, Dominique Guellec.

Économie de la Chine (L'), n° 378, Françoise Lemoine.

Économie de la connaissance (L'), n° 302, Dominique Foray.

Économie de la culture (L'), n° 192, Françoise Benhamou.

Économie de la distribution, n° 372, Marie-Laure Allain et Claire Chambolle.

Économie de la drogue, n° 213, Pierre Kopp.

Économie de la firme, n° 361, Bernard Baudry.

Économie de la propriété intellectuelle, n° 375, François Lévêque et Yann Ménière.

Économie de la qualité, n° 390, Bénédicte Coestier et Stéphan Marette.

Économie de la réglementation (L'), n° 238, François Lévêque.

Économie de la RFA (L'), n° 77, Magali Demotes-Mainard.

Économie de la Russie (L'), n° 436, François Benaroya.

Économie de l'Inde (L'), n° 443, Jean-Joseph Boillot.

Économie des États-Unis (L'), n° 341, Hélène Baudchon et Monique Fouet.

Économie des fusions et acquisitions, n° 362, Nathalie Coutinet et Dominique Sagot-Duvauroux.

Économie des inégalités (L'), n° 216, Thomas Piketty.

Économie des logiciels, n° 381, François Horn.

Économie des organisations (L'), n° 86, Claude Menard.

Économie des relations interentreprises (L'), n° 165, Bernard Baudry.

Économie des réseaux, n° 293, Nicolas Curien.

Économie des ressources humaines, n° 271, François Stankiewicz.

Économie des ressources naturelles, n° 406, Gilles Rotillon.

Économie du droit, n° 261, Thierry Kirat.

Économie du Japon (L'), n° 235, Évelyne Dourille-Feer.

Économie du risque pays, n° 421, Nicolas Meunier et Tania Sollogoub.

Économie du sport (L'), n° 309, Jean-François Bourg et Jean-Jacques Gouguet.

Économie et écologie, n° 158, Franck-Dominique Vivien.

Économie expérimentale (L'), n° 423, Nicolas Eber et Marc Willinger.

Économie informelle dans le tiers monde, n° 155, Bruno Lautier.

Économie institutionnelle (L'), n° 472, Bernard Chavance.

Économie marxiste du capitalisme, n° 349, Gérard Duménil et Dominique Lévy.

Économie mondiale 2007 (L'), n° 462, CEPII.

Économie politique de l'entreprise, n° 392, François Eymard-Duvernay.

Économie postkeynésienne, n° 384, Marc Lavoie.

Efficience informationnelle des marchés financiers (L'), n° 461, Sandrine Lardic et Valérie Mignon.

Emploi en France (L'), n° 68, Dominique Gambier et Michel Vernières.

Éthique économique et sociale, n° 300, Christian Arnsperger et Philippe Van Parijs.

Ethnographie économique (L'), nº 487, Caroline Dufy et Florence Weber.

France face à la mondialisation (La), nº 248, Anton Brender.

France face aux marchés financiers (La), nº 385, Anton Brender.

Grandes économies européennes (Les), nº 256, Jacques Mazier.

Histoire de l'Europe monétaire, nº 250, Jean-Pierre Patat.

Incertitude dans les théories économiques (L'), nº 379, Nathalie Moureau et Dorothée Rivaud-Danset.

Industrie française (L'), nº 85, Michel Husson et Norbert Holcblat.

Inflation et désinflation, nº 48, Pierre Bezbakh.

Introduction aux théories économiques, nº 262, Françoise Dubœuf.

Introduction à Keynes, nº 258, Pascal Combemale.

Introduction à la macroéconomie, nº 344, Anne Épaulard et Aude Pommeret.

Introduction à la microéconomie, nº 106, Gilles Rotillon.

Introduction à l'économie de Marx, nº 114, Pierre Salama et Tran Hai Hac.

Investisseurs institutionnels (Les), nº 388, Aurélie Boubel et Fabrice Pansard.

FMI (Le), nº 133, Patrick Lenain.

Lexique de sciences économiques et sociales, nº 202, Jean-Paul Piriou et Denis Clerc.

Libéralisme de Hayek (Le), nº 310, Gilles Dostaler.

Lire l'économétrie, nº 460, Luc Behaghel.

Macroéconomie. Investissement (L'), nº 278, Patrick Villieu.

Macroéconomie. Consommation et épargne, nº 215, Patrick Villieu.

Macroéconomie financière :
1. Finance, croissance et cycles, nº 307 ;
2. Crises financières et régulation monétaire, nº 308, Michel Aglietta.

Marchés du travail en Europe (Les), nº 291, IRES.

Marchés financiers internationaux (Les), nº 396, André Cartapanis.

Mathématiques des modèles dynamiques, nº 325, Sophie Jallais.

Microéconomie des marchés du travail, nº 354, Pierre Cahuc, André Zylberberg.

Modèles productifs (Les), nº 298, Robert Boyer et Michel Freyssenet.

Mondialisation et délocalisation des entreprises, nº 413, El Mouhoub Mouhoud.

Mondialisation et l'emploi (La), nº 343, Jean-Marie Cardebat.

Monnaie et ses mécanismes (La), nº 295, Dominique Plihon.

Multinationales globales (Les), nº 187, Wladimir Andreff.

Mutations de l'emploi en France (Les), nº 432, IRES.

Notion de risque en économie (La), nº 444, Pierre-Charles Pradier.

Nouvelle histoire économique de la France contemporaine :
1. L'économie préindustrielle (1750-1840), nº 125, Jean-Pierre Daviet.
2. L'industrialisation (1830-1914), nº 78, Patrick Verley.
3. L'économie libérale à l'épreuve (1914-1948), nº 232, Alain Leménorel.
4. L'économie ouverte (1948-1990), nº 79, André Gueslin.

Nouvelle économie (La), nº 303, Patrick Artus.

Nouvelle économie chinoise (La), nº 144, Françoise Lemoine.

Nouvelle microéconomie (La), nº 126, Pierre Cahuc.

Nouvelle théorie du commerce international (La), nº 211, Michel Rainelli.

Nouvelles politiques de l'emploi (Les), nº 454, Yannick L'Horty.

Nouvelles théories de la croissance (Les), nº 161, Dominique Guellec et Pierre Ralle.

Nouvelles théories du marché du travail (Les), nº 107, Anne Perrot.

Nouveau capitalisme (Le), nº 370, Dominique Plihon.

Nouveaux indicateurs de richesse (Les), nº 404, Jean Gadrey et Florence Jany-Catrice.

Organisation mondiale du commerce (L'), nº 193, Michel Rainelli.

Paradis fiscaux (Les), nº 448, Christian Chavagneux et Ronen Palan.

Partenariats public-privé (Les), nº 441, F. Marty, S. Trosa et A. Voisin.

Politique agricole commune (La), nº 480, Jean-Christophe Bureau.

Politique de la concurrence (La), nº 339, Emmanuel Combe.

Politique monétaire (La), nº 479, Christian Bordes.

Politiques de l'emploi et du marché du travail (Les), nº 373, DARES.

Population française (La), nº 75, Jacques Vallin.

Population mondiale (La), nº 45, Jacques Vallin.

Productivité et croissance en Europe et aux États-Unis, nº 483, Gilbert Cette.

Produits financiers dérivés, nº 422, Yves Jégourel.

Protection sociale (La), nº 72, Numa Murard.

Protectionnisme (Le), nº 322, Bernard Guillochon.

Qualité de l'emploi (La), nº 456, CEE.

Quel avenir pour nos retraites ? nº 289, Gaël Dupont et Henri Sterdyniak.

Régionalisation de l'économie mondiale (La), nº 288, Jean-Marc Siroën.

Revenu minimum garanti (Le), nº 98, Chantal Euzéby.

Revenus en France (Les), nº 69, Yves Chassard et Pierre Concialdi.

Socio-économie des services, nº 369, Jean Gadrey.

Système monétaire international (Le), nº 97, Michel Lelart.

Taux de change (Les), nº 103, Dominique Plihon.

Taux d'intérêt (Les), nº 251, A. Bénassy-Quéré, L. Boone et V. Coudert.

Taxe Tobin (La), nº 337, Yves Jegourel.

Théorie de la régulation (La), nº 395, Robert Boyer.

Théorie économique néoclassique (La) :
1. Microéconomie, nº 275,
2. Macroéconomie, nº 276, Bernard Guerrien.

Théories de la monnaie (Les), nº 226, Anne Lavigne et Jean-Paul Pollin.

Théories des crises économiques (Les), nº 56, Bernard Rosier et Pierre Dockès.

Théories du salaire (Les), nº 138, Bénédicte Reynaud.

Théories économiques du développement (Les), nº 108, Elsa Assidon.

Travail des enfants dans le monde (Le), nº 265, Bénédicte Manier.

Travail et emploi en Europe, nº 417, John Morley, Terry Ward et Andrew Watt.

Urbanisation du monde (L'), nº 447, Jacques Véron.

SCIENCES POLITIQUES-DROIT

Aménagement du territoire (L'), n° 176, Nicole de Montricher.

Collectivités locales (Les), n° 242, Jacques Hardy.

Constitutions françaises (Les), n° 184, Olivier Le Cour Grandmaison.

Construction européenne (La), n° 326, Guillaume Courty et Guillaume Devin.

Décentralisation (La), n° 44, Xavier Greffe.

DOM-TOM (Les), n° 151, Gérard Belorgey et Geneviève Bertrand.

Droit du travail (Le), n° 230, Michèle Bonnechère.

Droit international humanitaire (Le), n° 196, Patricia Buirette.

Droit pénal, n° 225, Cécile Barberger.

Droits de l'homme (Les), n° 333, Danièle Lochak.

Économie politique internationale, n° 367, Christian Chavagneux.

Évaluation des politiques publiques (L'), n° 329, Bernard Perret.

Femmes en politique, n° 455, Catherine Achin et Sandrine Lévêque.

Fonction publique (La), n° 189, Luc Rouban.

Gouvernance de la mondialisation (La), n° 403, Jean-Christophe Graz.

Groupes d'intérêt (Les), n° 453, Guillaume Courty.

Histoire de l'administration, n° 177, Yves Thomas.

Histoire des idées politiques en France au XIXe siècle, n° 243, Jérôme Grondeux.

Histoire des idées socialistes, n° 223, Noëlline Castagnez.

Histoire du Parti communiste français, n° 269, Yves Santamaria.

Introduction à Castoriadis, n° 471, Jean-Louis Prat.

Introduction à la philosophie politique, n° 197, Christian Ruby.

Introduction à Marx, n° 467, Pascal Combemale.

Introduction au droit, n° 156, Michèle Bonnechère.

Islam (L'), n° 82, Anne-Marie Delcambre.

Justice en France (La), n° 116, Dominique Vernier.

Notion de société civile (La), n° 482, Gautier Pirotte.

Nouvelle Constitution européenne (La), n° 380, Jacques Ziller.

ONG (Les), n° 386, Philippe Ryfman.

ONU (L'), n° 145, Maurice Bertrand.

Philosophie de Marx (La), n° 124, Étienne Balibar.

Politique de la famille (La), n° 352, Jacques Commaille, Pierre Strobel et Michel Villac.

Postcommunisme en Europe (Le), n° 266, François Bafoil.

Régime politique de la Ve République (Le), n° 253, Bastien François.

Régimes politiques (Les), n° 244, Arlette Heymann-Doat.

Socialisme libéral (Le), n° 466, Serge Audier.

Sociologie des finances publiques, n° 481, Marc Leroy.

Sociologie des relations internationales, n° 335, Guillaume Devin.

Sociologie de la vie politique française, n° 402, Michel Offerlé.

Sociologie du phénomène Le Pen, n° 428, Jacques Le Bohec.

Sociologie historique du politique, n° 209, Yves Déloye.

Syndicalisme en France depuis 1945 (Le), n° 143, René Mouriaux.

Théories de la république (Les), n° 399, Serge Audier.

Union européenne (L'), n° 170, Jacques Léonard et Christian Hen.

Utopies et utopistes, n° 484, Thierry Paquot.

HISTOIRE

Affaire Dreyfus (L'), n° 141, Vincent Duclert.

Archives (Les), n° 324, Sophie Cœuré et Vincent Duclert.

Catholiques en France depuis 1815 (Les), n° 219, Denis Pelletier.

Chronologie de la France au XXe siècle, n° 286, Catherine Fhima.

État et les cultes (L'). *1789-1905-2005*, n° 434, Jacqueline Lalouette.

Franc-maçonneries (Les), n° 397, Sébastien Galceran.

Front populaire (Le), n° 342, Frédéric Monier.

Guerre froide (La), n° 351, Stanislas Jeannesson.

Harkis (Les), n° 442, Tom Charbit.

Histoire de l'Algérie coloniale, 1830-1954, n° 102, Benjamin Stora.

Histoire de l'Algérie depuis l'indépendance, 1. 1962-1988, n° 316, Benjamin Stora.

Histoire de l'immigration, n° 327, Marie-Claude Blanc-Chaléard.

Histoire de l'URSS, n° 150, Sabine Dullin.

Histoire de la guerre d'Algérie, 1954-1962, n° 115, Benjamin Stora.

Histoire de la Turquie contemporaine, n° 387, Hamit Bozarslan.

Histoire des États-Unis depuis 1945 (L'), n° 104, Jacques Portes.

Histoire des sciences biomédicales, n° 465, Jean-Paul Gaudillière.

Histoire du Maroc depuis l'indépendance, n° 346, Pierre Vermeren.

Histoire du parti socialiste, n° 222, Jacques Kergoat.

Histoire du radicalisme, n° 139, Gérard Baal.

Histoire en France (L'), n° 84, Collectif.

Histoire politique de la IIIe République, n° 272, Gilles Candar.

Histoire politique de la IVe République, n° 299, Éric Duhamel.

Introduction à la socio-histoire, n° 437, Gérard Noiriel.

Introduction à l'histoire de la France au XXe siècle, n° 285, Christophe Prochasson.

Judaïsme (Le), n° 203, Régine Azria.

Pierre Mendès France, n° 157, Jean-Louis Rizzo.

Politique étrangère de la France depuis 1945 (La), n° 217, Frédéric Bozo.

Protestants en France depuis 1789 (Les), n° 273, Rémi Fabre.

Question nationale au XIXe siècle (La), n° 214, Patrick Cabanel.

Régime de Vichy (Le), n° 206, Marc Olivier Baruch.

Santé au travail (La), n° 438, S. Buzzi, J.-C. Devinck et P.-A. Rosental.

GESTION

Analyse financière de l'entreprise (L'), n° 153, Bernard Colasse.

Audit (L'), n° 383, Stéphanie Thiéry-Dubuisson.

Calcul des coûts dans les organisations (Le), n° 181, Pierre Mévellec.

Capital-risque (Le), n° 445, Emmanuelle Dubocage et Dorothée Rivaud-Danset.

Comptabilité anglo-saxonne (La), n° 201, Peter Walton.

Comptabilité en perspective (La), n° 119, Michel Capron.

Contrôle budgétaire (Le), n° 340, Nicolas Berland.

Contrôle de gestion (Le), n° 227, Alain Burlaud et Claude J. Simon.

Culture d'entreprise (La), n° 410, Éric Godelier.

Éthique dans les entreprises (L'), n° 263, Samuel Mercier.

Fondements de la comptabilité (Les), n° 485, Bernard Colasse.

Gestion des ressources humaines (La), n° 415, Anne Dietrich et Frédérique Pigeyre.

Gestion financière de l'entreprise (La), n° 183, Christian Pierrat.

Gestion prévisionnelle des ressources humaines (La), n° 446, Patrick Gilbert.

Gouvernance de l'entreprise (La), n° 358, Roland Perez.

Introduction à la comptabilité d'entreprise, n° 191, Michel Capron et Michèle Lacombe-Saboly.

Logistique (La), n° 474, Pascal Lièvre.

Management de la qualité (Le), n° 315, Michel Weill.

Management de projet (Le), n° 377, Gilles Garel.

Management international (Le), n° 237, Isabelle Huault.

Méthodologie de l'investissement dans l'entreprise, n° 123, Daniel Fixari.

Modèle japonais de gestion (Le), n° 121, Annick Bourguignon.

Normes comptables internationales (Les), n° 457, Chrystelle Richard.

Outils de la décision stratégique (Les) :
1 : Avant 1980, n° 162,
2 : Depuis 1980, n° 163,
José Allouche et Géraldine Schmidt.

Responsabilité sociale d'entreprise (La), n° 477, Michel Capron et Françoise Quairel-Lanoizelée.

Sociologie du conseil en management, n° 368, Michel Villette.

Stratégies des ressources humaines (Les), n° 137, Bernard Gazier.

Théorie de la décision (La), n° 120, Robert Kast.

Toyotisme (Le), n° 254, Koïchi Shimizu.

CULTURE-COMMUNICATION

Argumentation dans la communication (L'), n° 204, Philippe Breton.

Bibliothèques (Les), n° 247, Anne-Marie Bertrand.

Culture de masse en France (La) :
1. 1860-1930, n° 323, Dominique Kalifa.

Diversité culturelle et mondialisation, n° 411, Armand Mattelart.

Droit d'auteur et copyright, n° 486, Françoise Benhamou et Joëlle Farchy.

Économie de la presse, n° 283, Patrick Le Floch et Nathalie Sonnac.

Histoire sociale du cinéma français, n° 305, Yann Darré.

Histoire de la société de l'information, n° 312, Armand Mattelart.

Histoire des théories de l'argumentation, n° 292, Philippe Breton et Gilles Gauthier.

Histoire des théories de la communication, n° 174, Armand et Michèle Mattelart.

Histoire de la philosophie, n° 95, Christian Ruby.

Industrie des médias (L'), n° 439, Jean Gabszewicz et Nathalie Sonnac.

Industrie du disque (L'), n° 464, Nicolas Curien et François Moreau.

Introduction aux sciences de la communication, n° 245, Daniel Bougnoux.

Introduction aux *Cultural Studies*, n° 363, Armand Mattelart et Érik Neveu.

Marché de l'art contemporain (Le), n° 450, Nathalie Moureau et Dominique Sagot-Duvauroux.

Médias en France (Les), n° 374, Jean-Marie Charon.

Mondialisation de la culture (La), n° 260, Jean-Pierre Warnier.

Musée et muséologie, n° 433, Dominique Poulot.

Presse des jeunes (La), n° 334, Jean-Marie Charon.

Presse magazine (La), n° 264, Jean-Marie Charon.

Presse quotidienne (La), n° 188, Jean-Marie Charon.

Programmes audiovisuels (Les), n° 420, Benoît Danard et Remy Le Champion.

Psychanalyse (La), n° 168, Catherine Desprats-Péquignot.

Révolution numérique et industries culturelles, n° 408, Alain Le Diberder et Philippe Chantepie.

Sociologie du journalisme, n° 313, Erik Neveu.

Télévision (La), n° 405, Régine Chaniac et Jean-Pierre Jézéquel.

Tests d'intelligence (Les), n° 229, Michel Huteau et Jacques Lautrey.

Classiques

R E P È R E S

La formation du couple. *Textes essentiels pour la sociologie de la famille*, Michel Bozon et François Héran.

Invitation à la sociologie, Peter L. Berger.

Un sociologue à l'usine. *Textes essentiels pour la sociologie du travail*, Donald Roy.

Dictionnaires

R E P È R E S

Dictionnaire de gestion, Élie Cohen.

Dictionnaire d'analyse économique, *microéconomie, macroéconomie, théorie des jeux, etc.*, Bernard Guerrien.

Guides

R E P È R E S

L'art de la thèse. *Comment préparer et rédiger un mémoire de master, une thèse de doctorat ou tout autre travail universitaire à l'ère du Net*, Michel Beaud.

Comment se fait l'histoire. *Pratiques et enjeux*, François Cadiou, Clarisse Coulomb, Anne Lemonde et Yves Santamaria.

La comparaison dans les sciences sociales. *Pratiques et méthodes*, Cécile Vigour.

Les ficelles du métier. *Comment conduire sa recherche en sciences sociales*, Howard S. Becker.

Guide de l'enquête de terrain, Stéphane Beaud et Florence Weber.

Guide des méthodes de l'archéologie, Jean-Paul Demoule, François Giligny, Anne Lehoërff et Alain Schnapp.

Guide du stage en entreprise, Michel Villette.

Manuel de journalisme. *Écrire pour le journal*, Yves Agnès.

Voir, comprendre, analyser les images, Laurent Gervereau.

Manuels

R E P È R E S

Analyse macroéconomique 1.

Analyse macroéconomique 2.
17 auteurs sous la direction de Jean-Olivier Hairault.

Comprendre le monde. *Une introduction à l'analyse des systèmes-monde*, Immanuel Wallerstein.

Déchiffrer l'économie, Denis Clerc.

L'explosion de la communication. *Introduction aux théories et aux pratiques de la communication*, Philippe Breton et Serge Proulx.

Une histoire de la comptabilité nationale, André Vanoli.

Histoire de la psychologie en France. XIXe-XXe siècles, J. Carroy, A. Ohayon et R. Plas.

La mondialisation de l'économie. *Genèse et problèmes*, Jacques Adda.

Composition Facompo, Lisieux (Calvados)
Achevé d'imprimer en mars 2007 sur les presses de l'imprimerie Europe Media Duplication à Lassay-les-Châteaux (Mayenne)
Dépôt légal : avril 2007
N° de dossier : 17092

Imprimé en France